Este libro pertenece a:

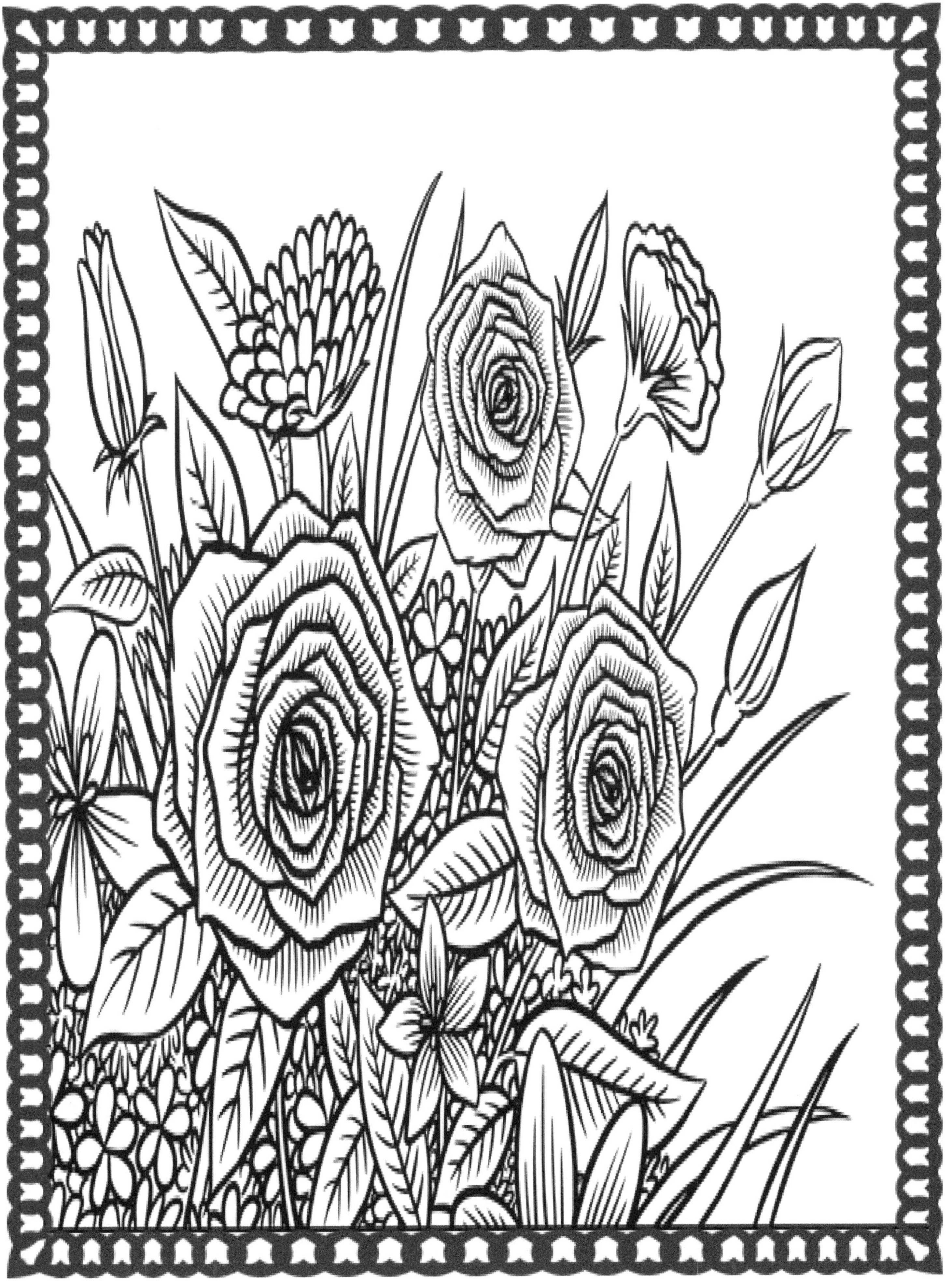

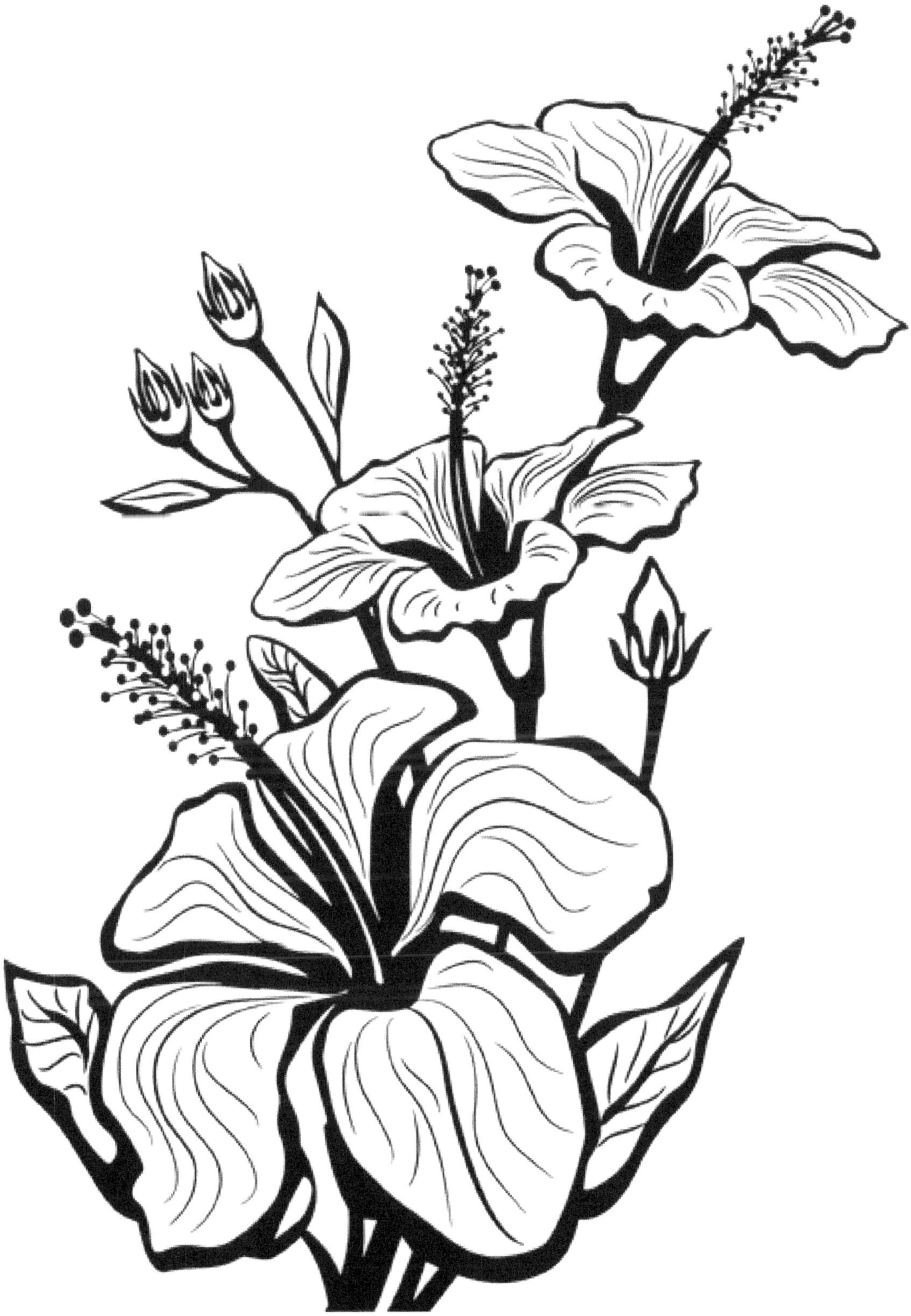

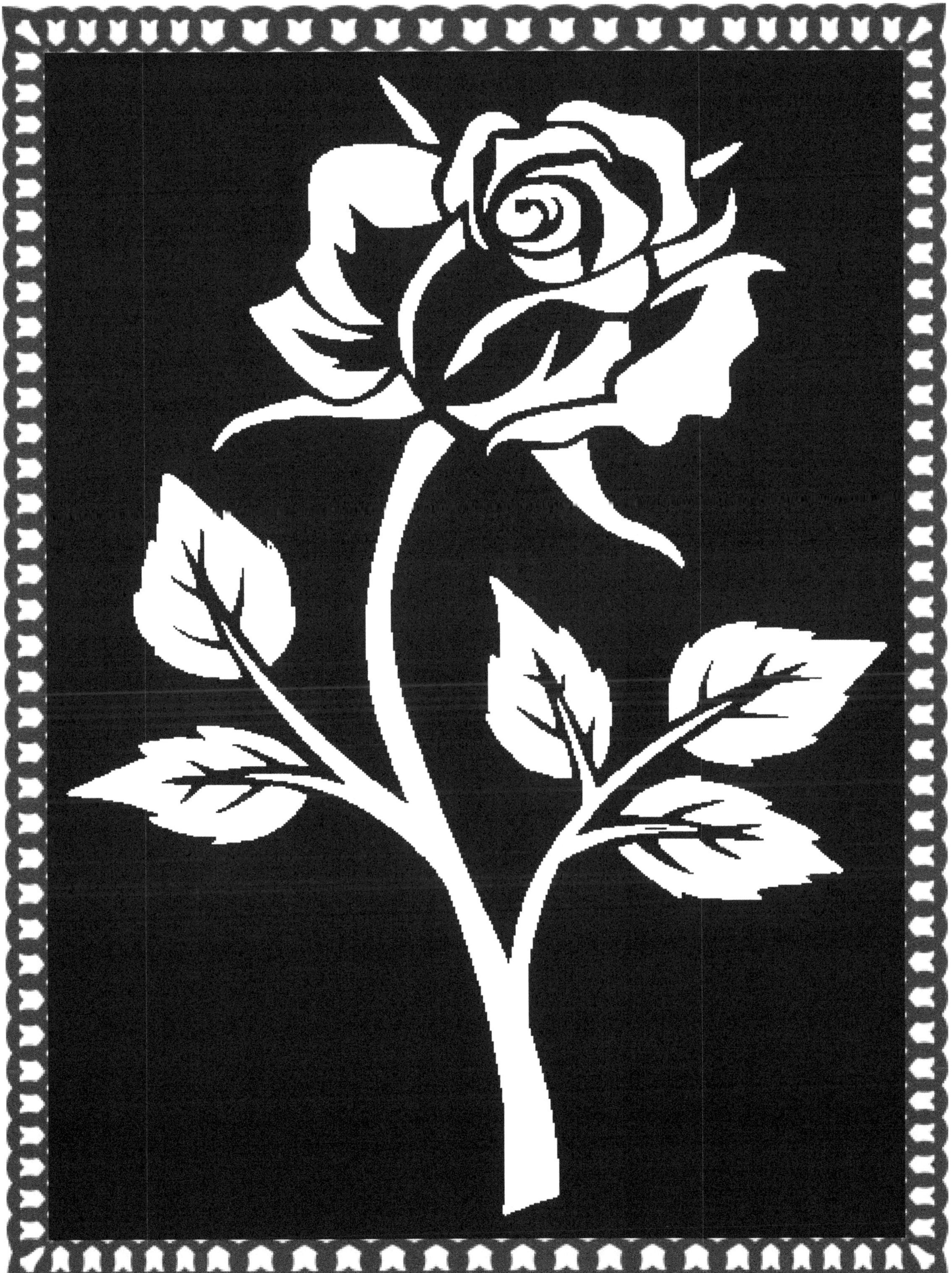

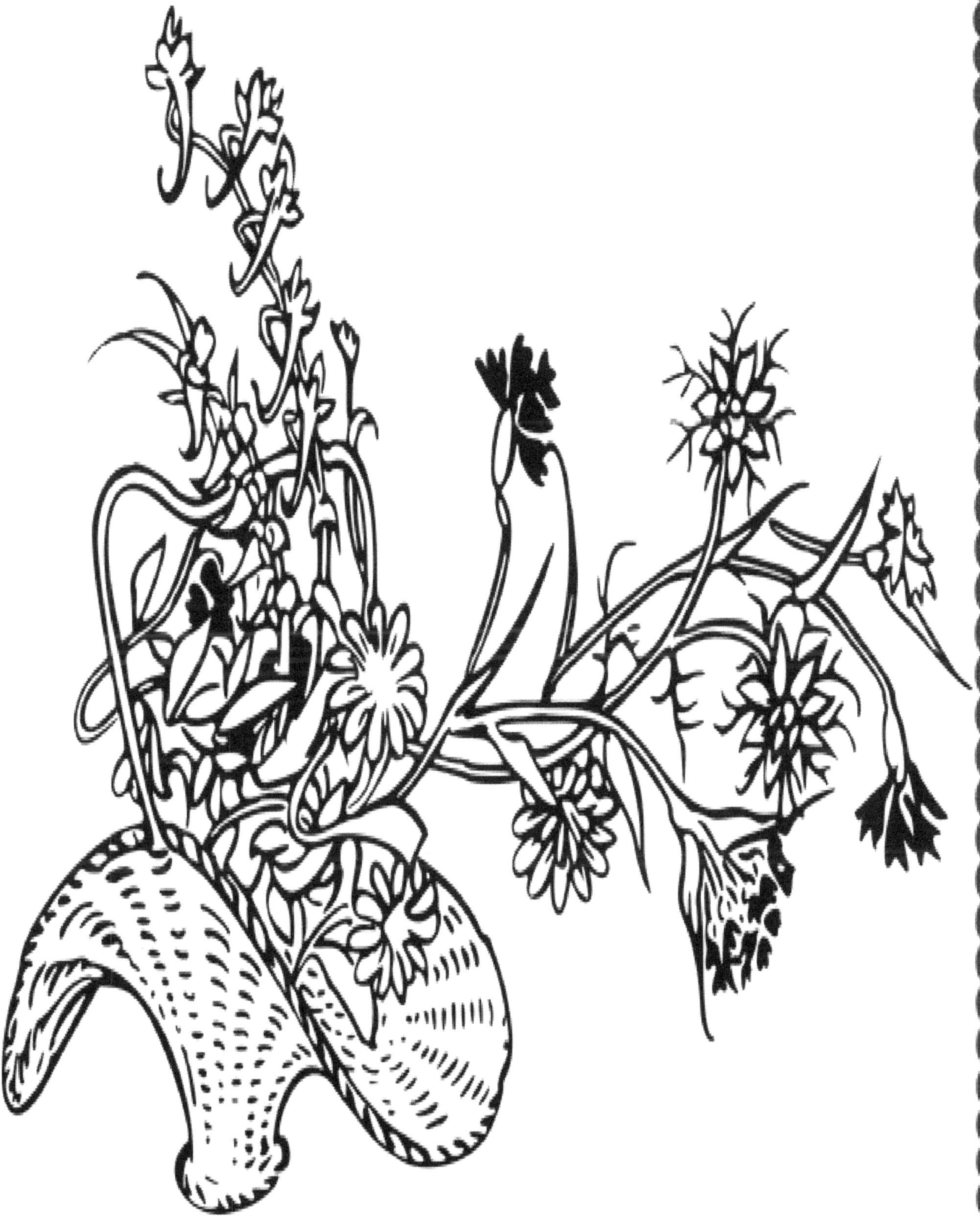

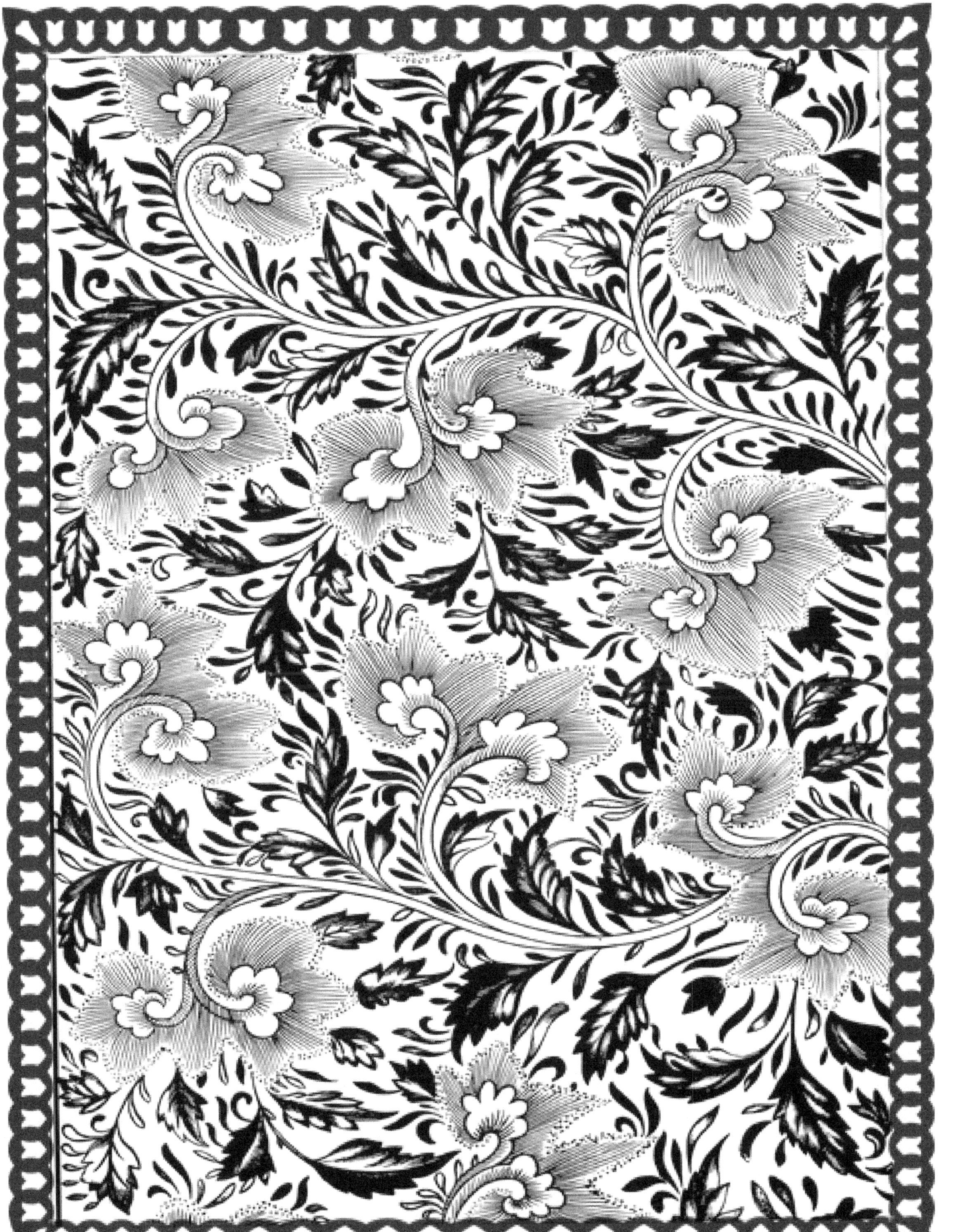

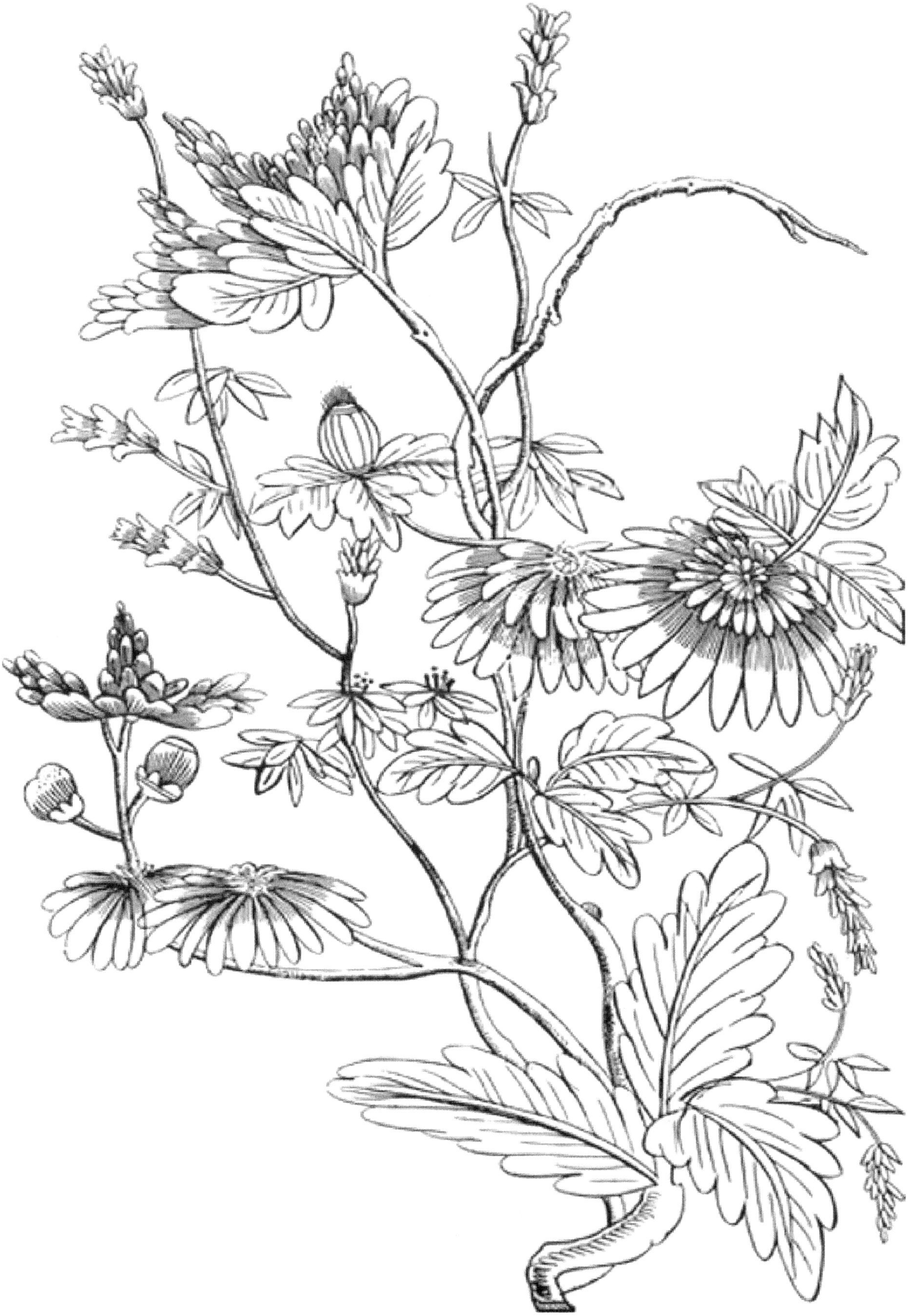

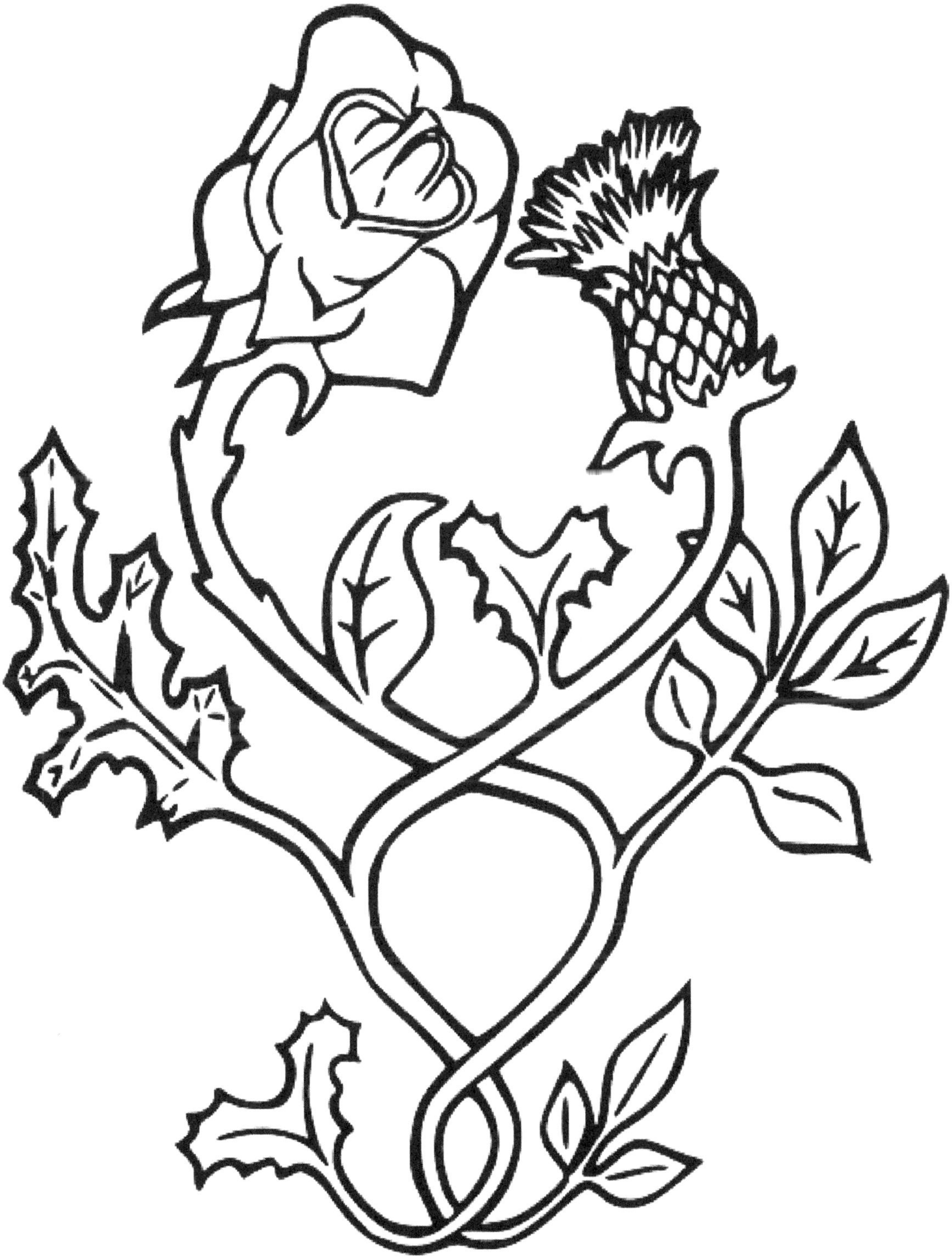

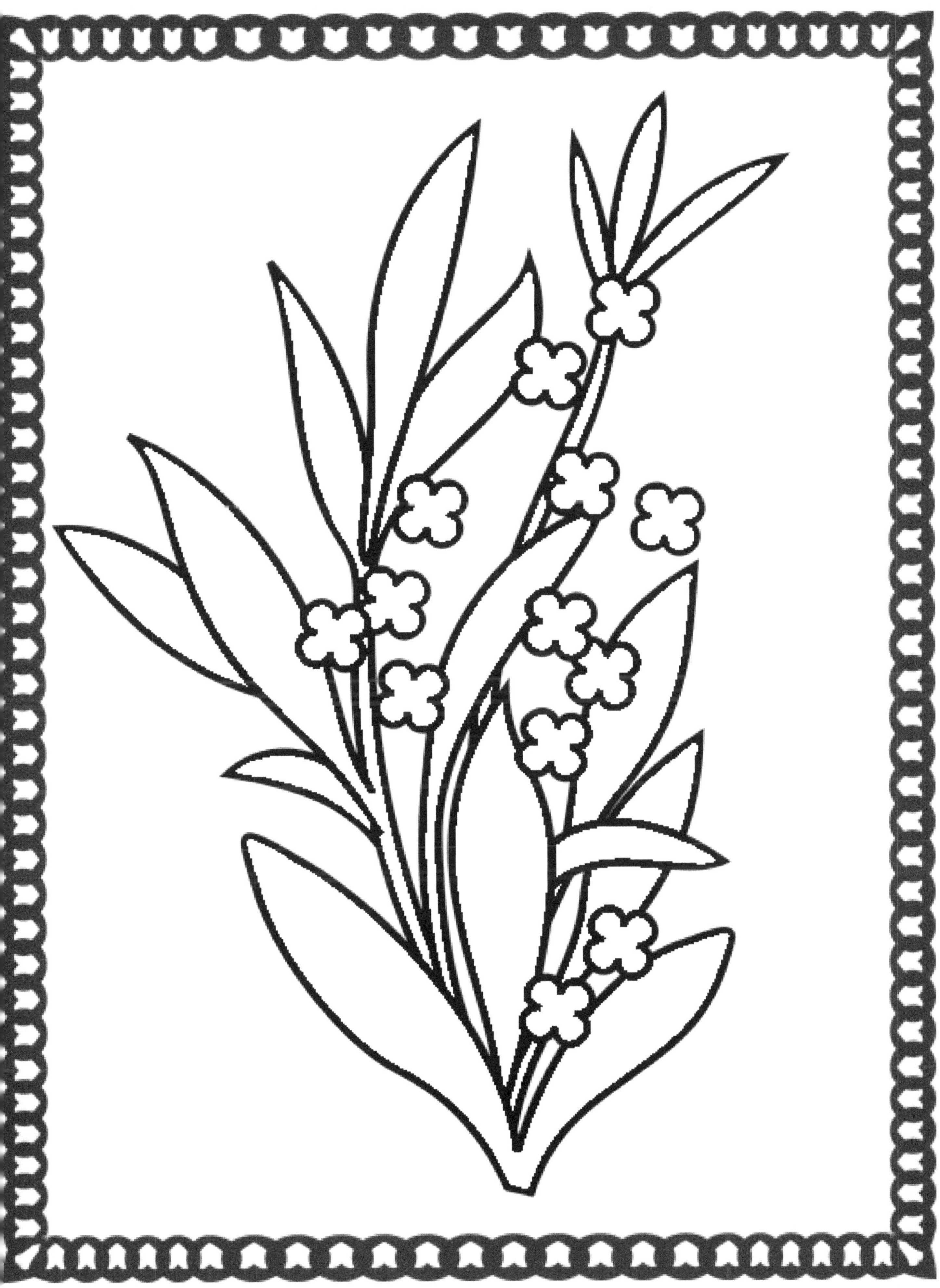

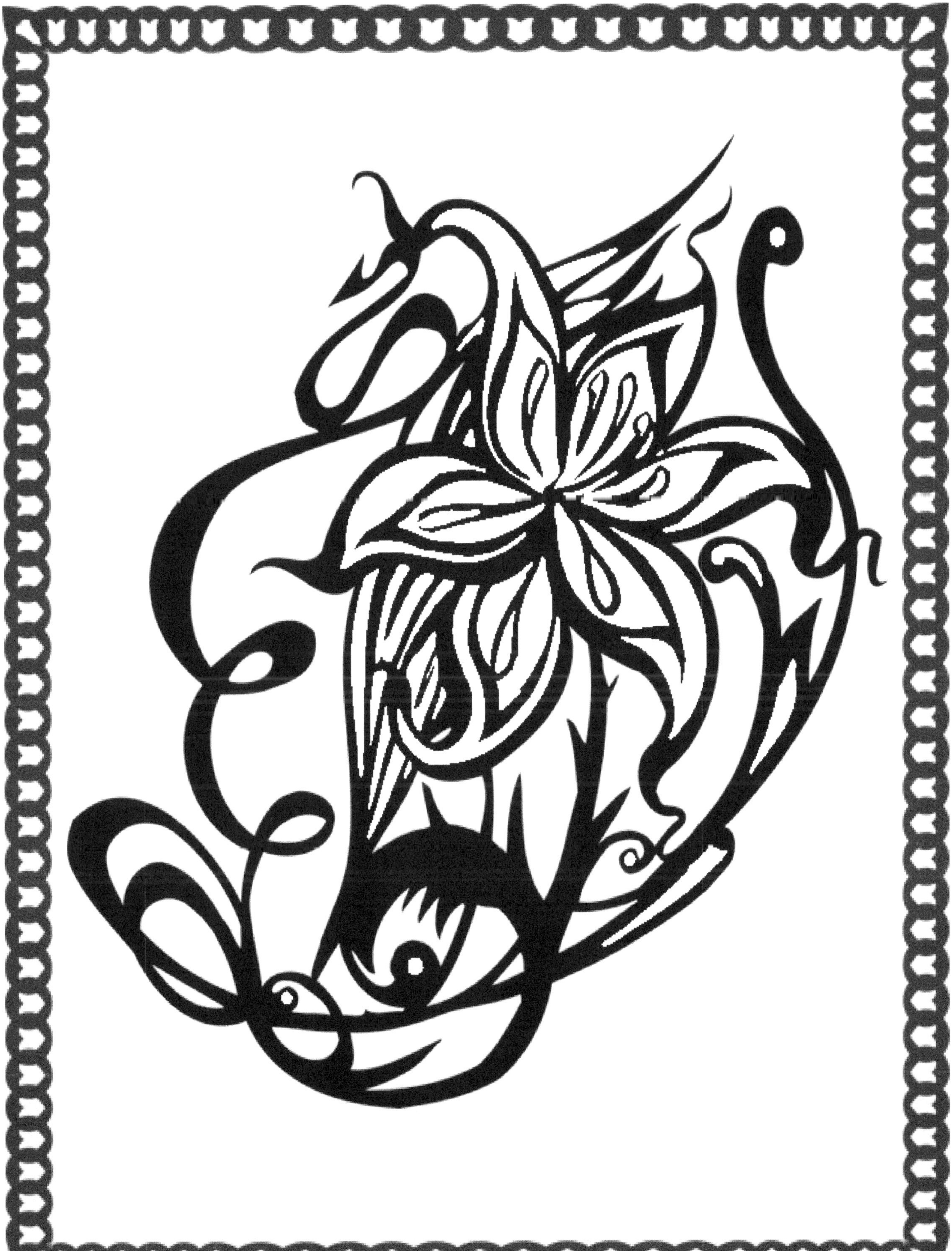

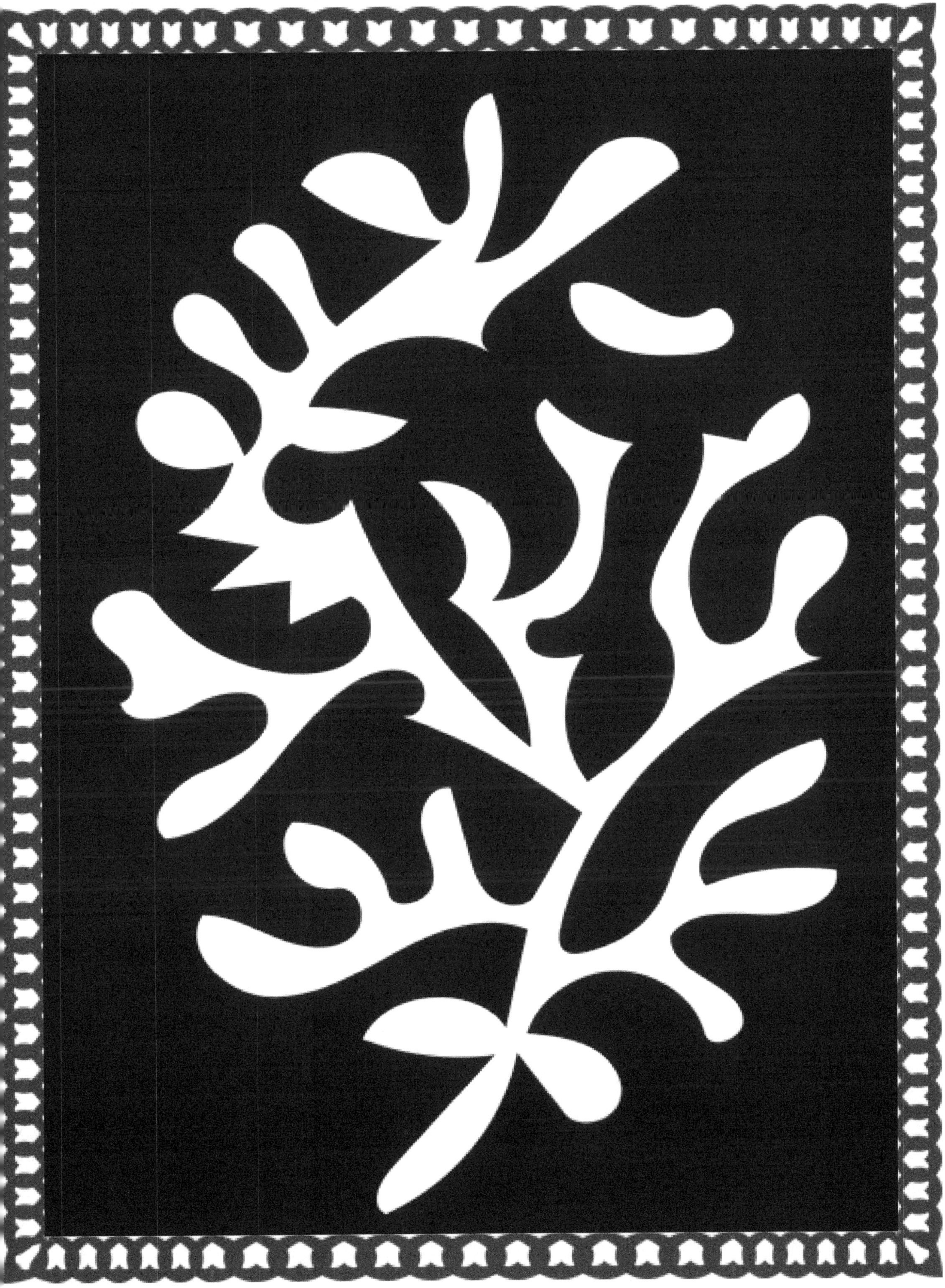

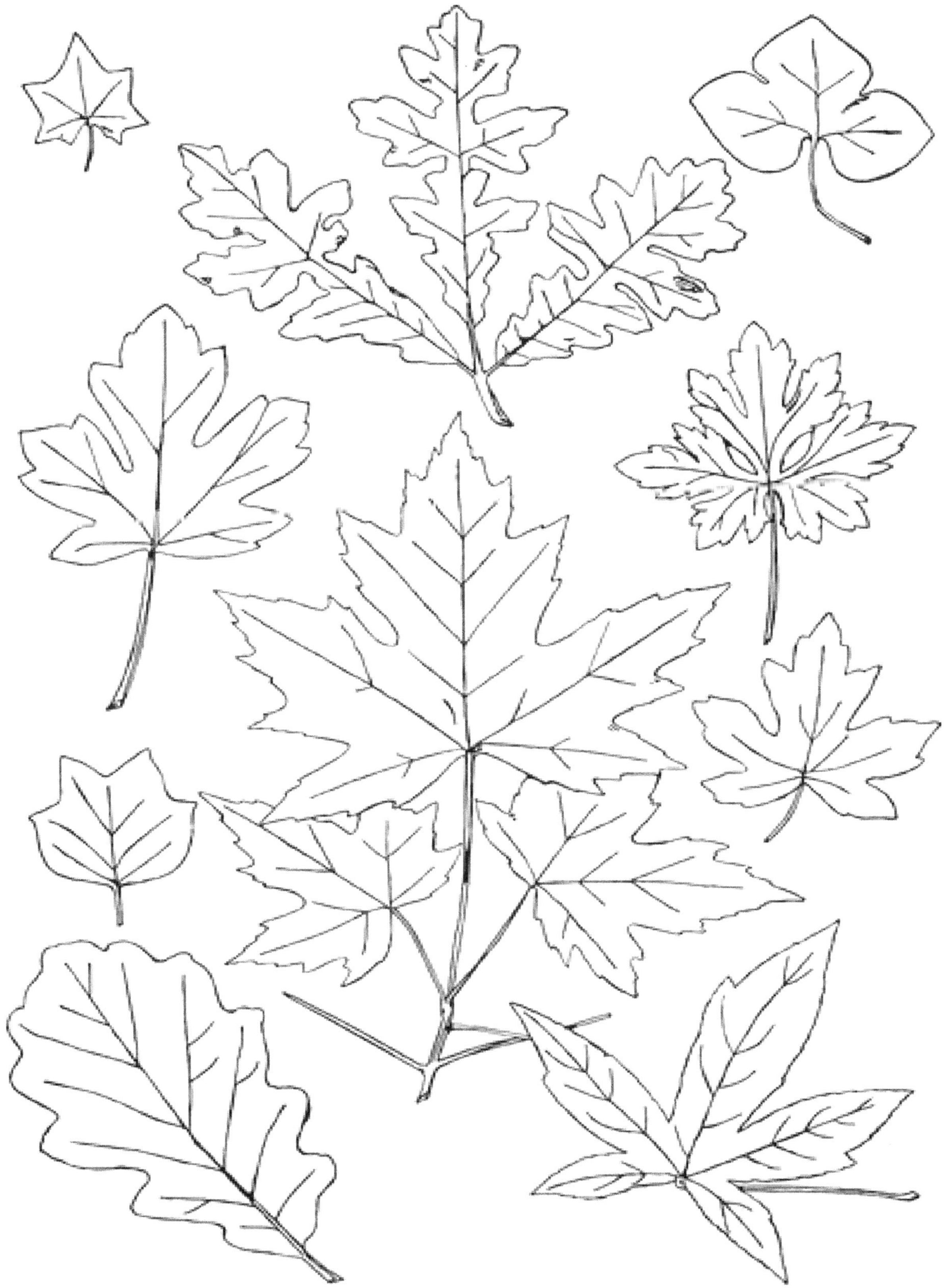

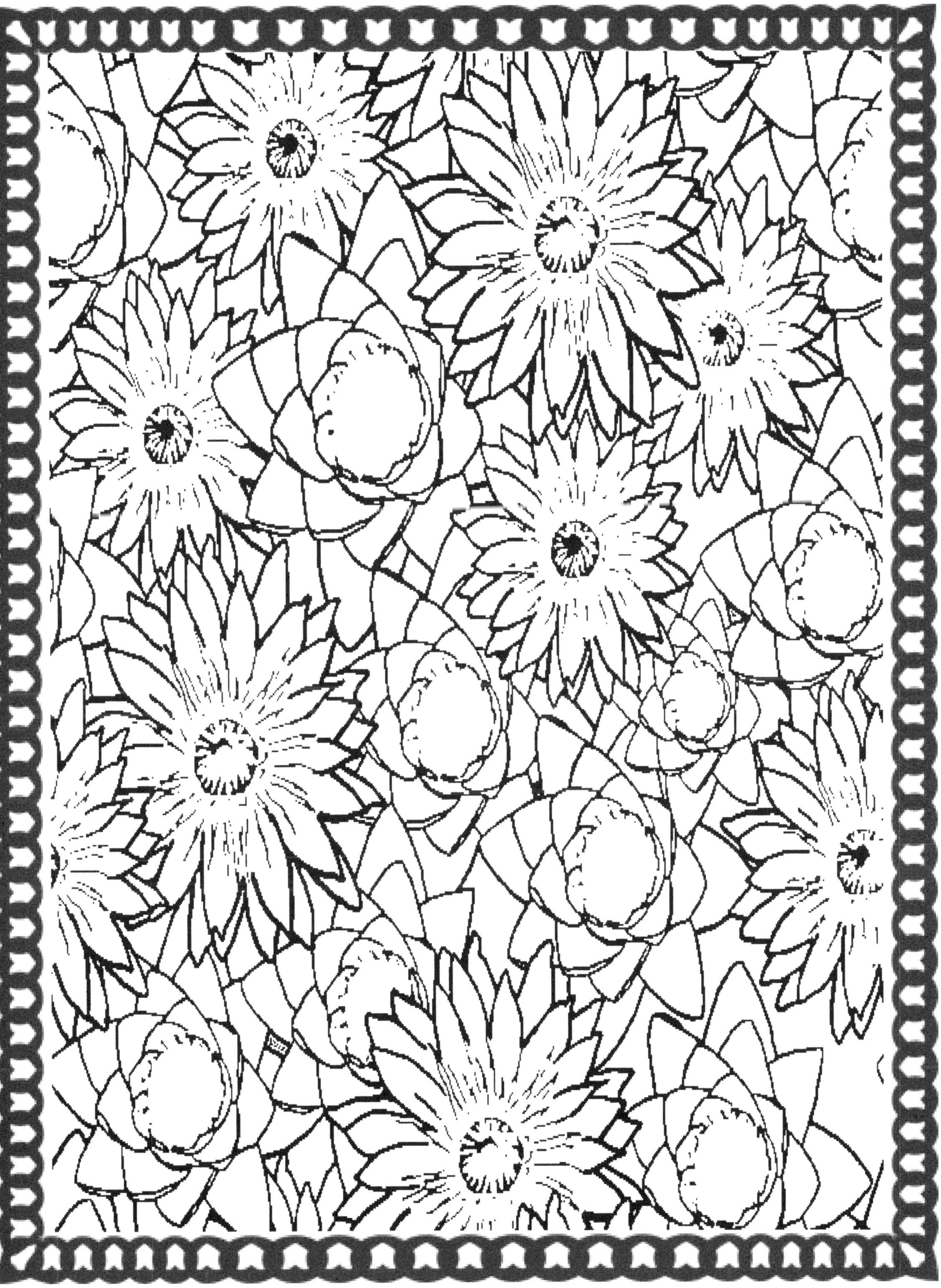

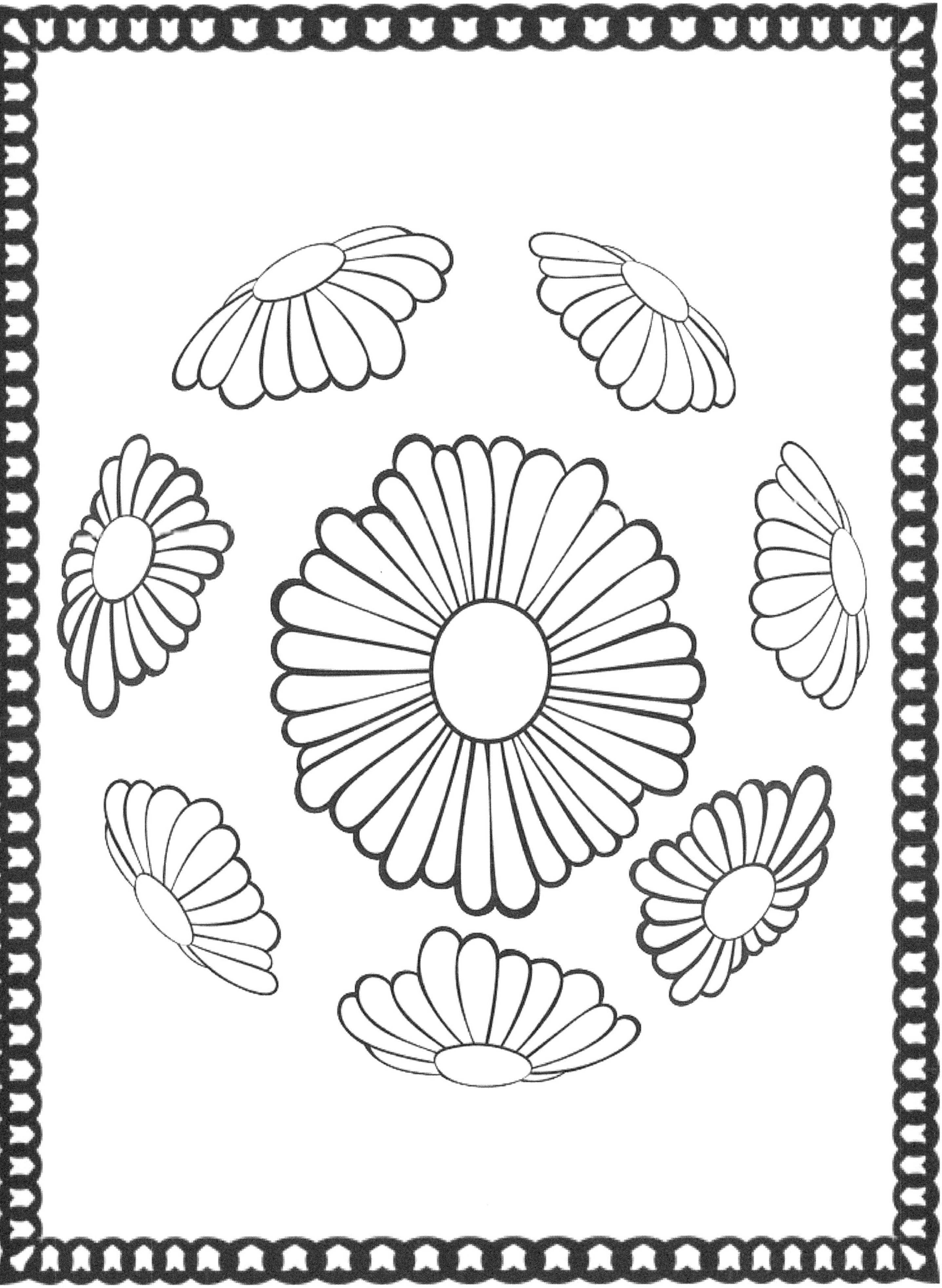

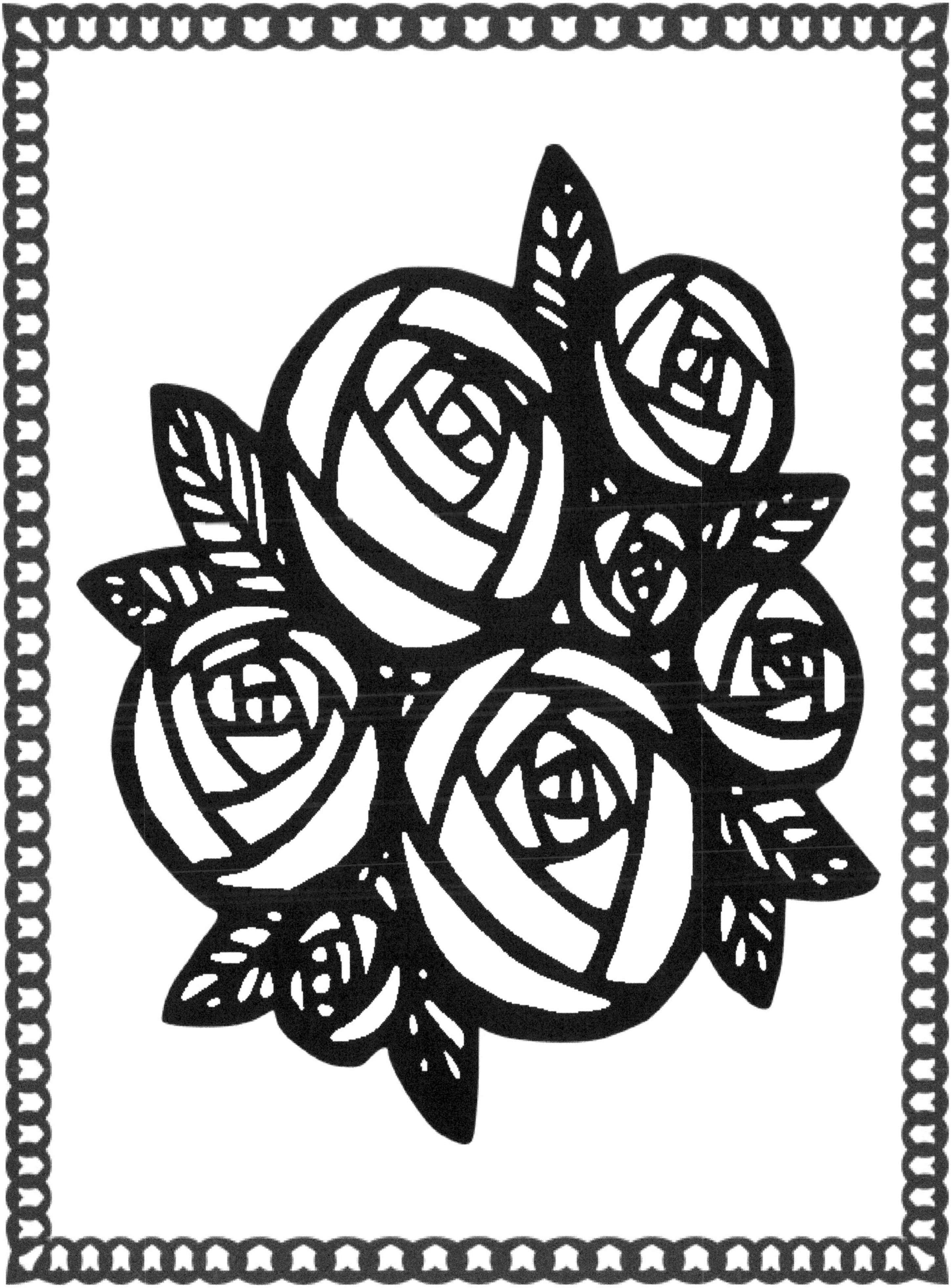

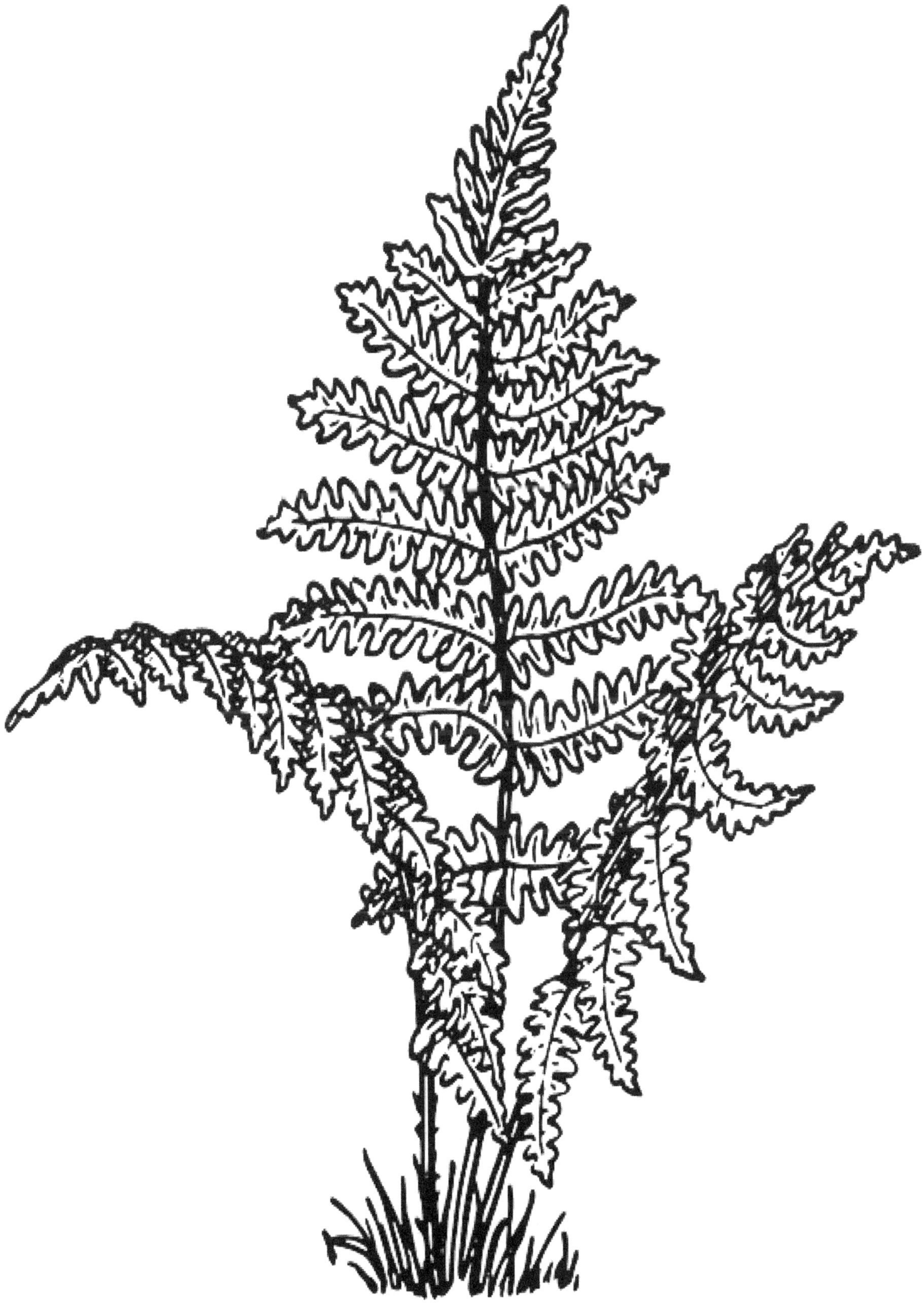

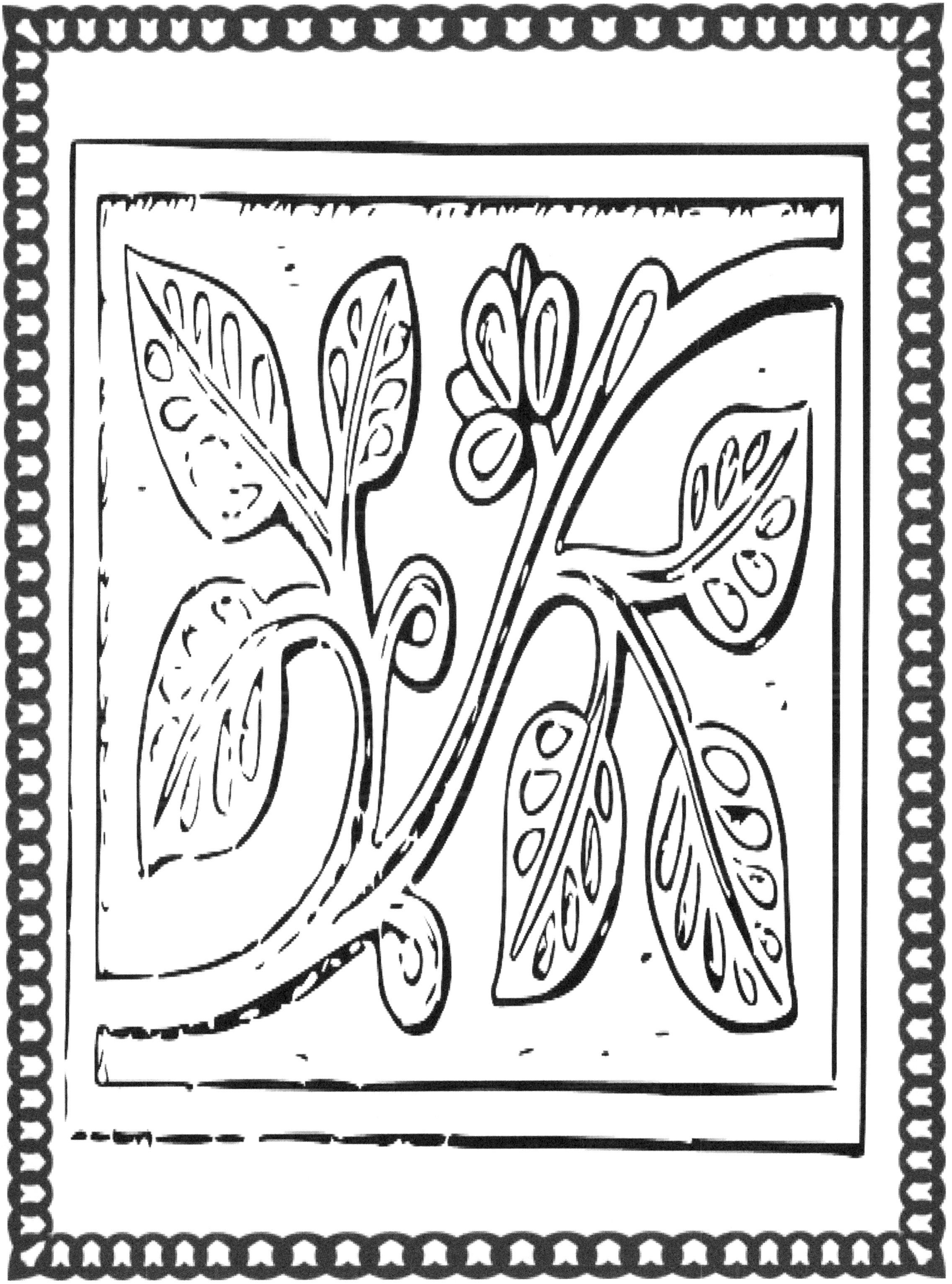

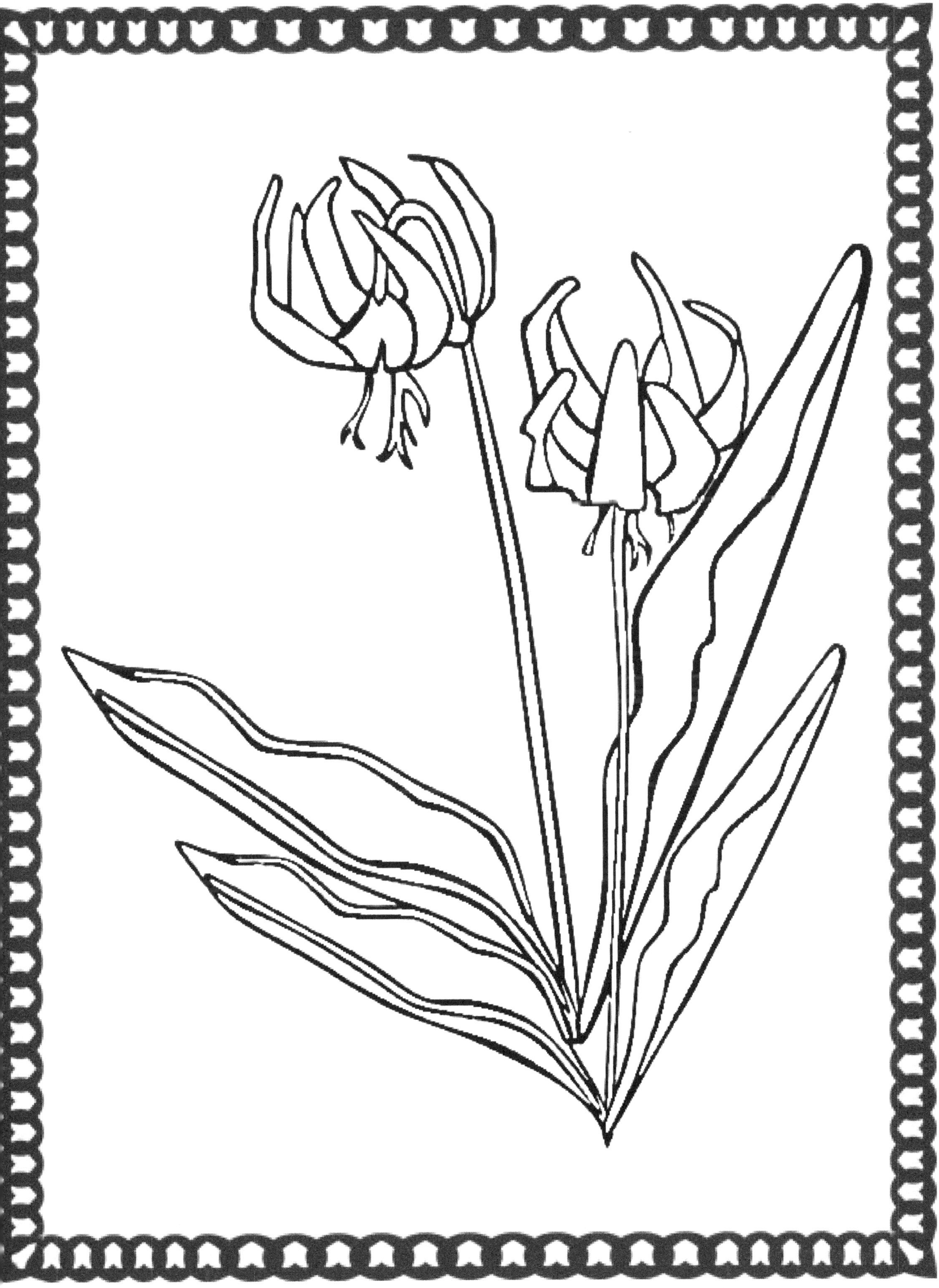

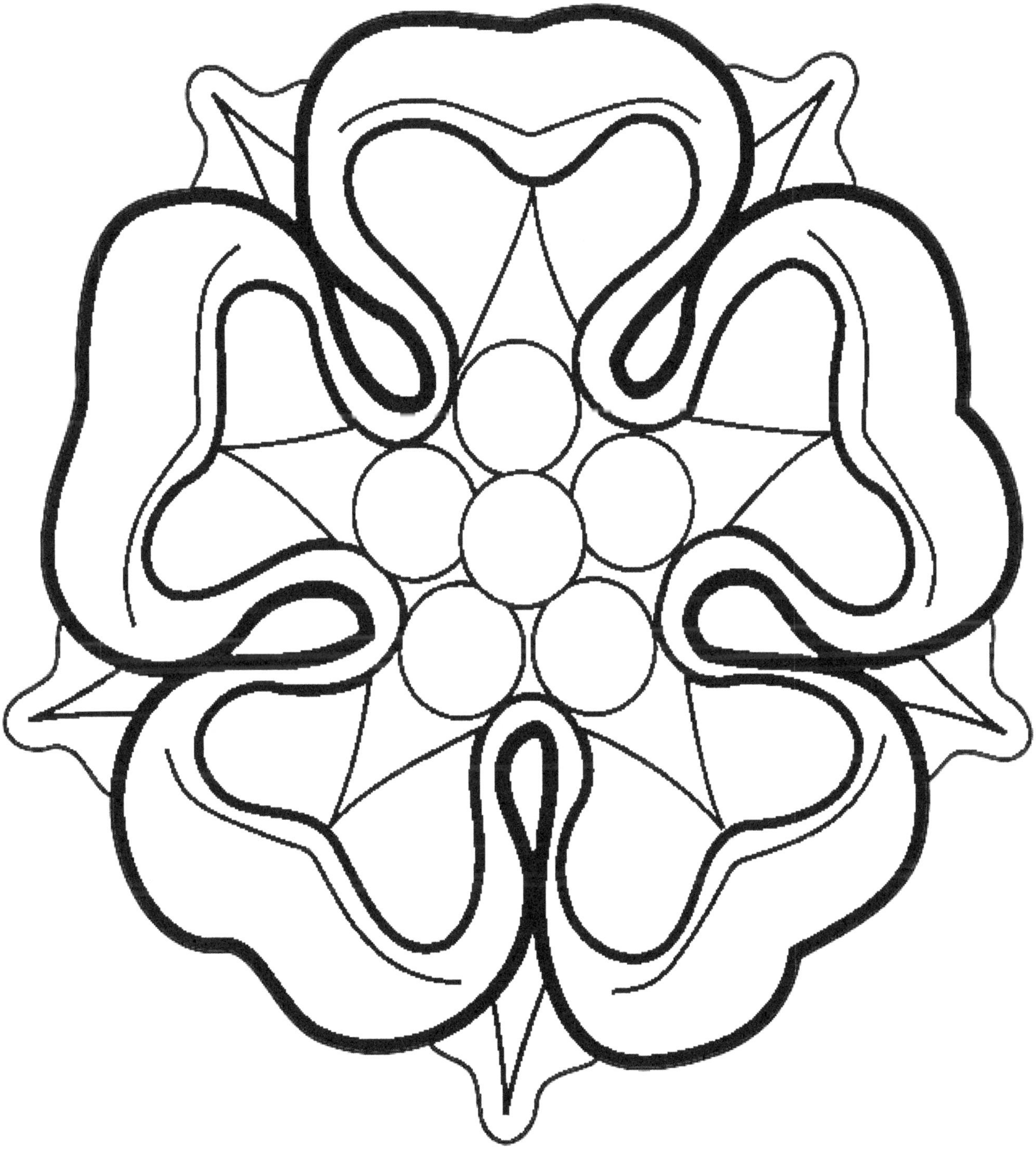

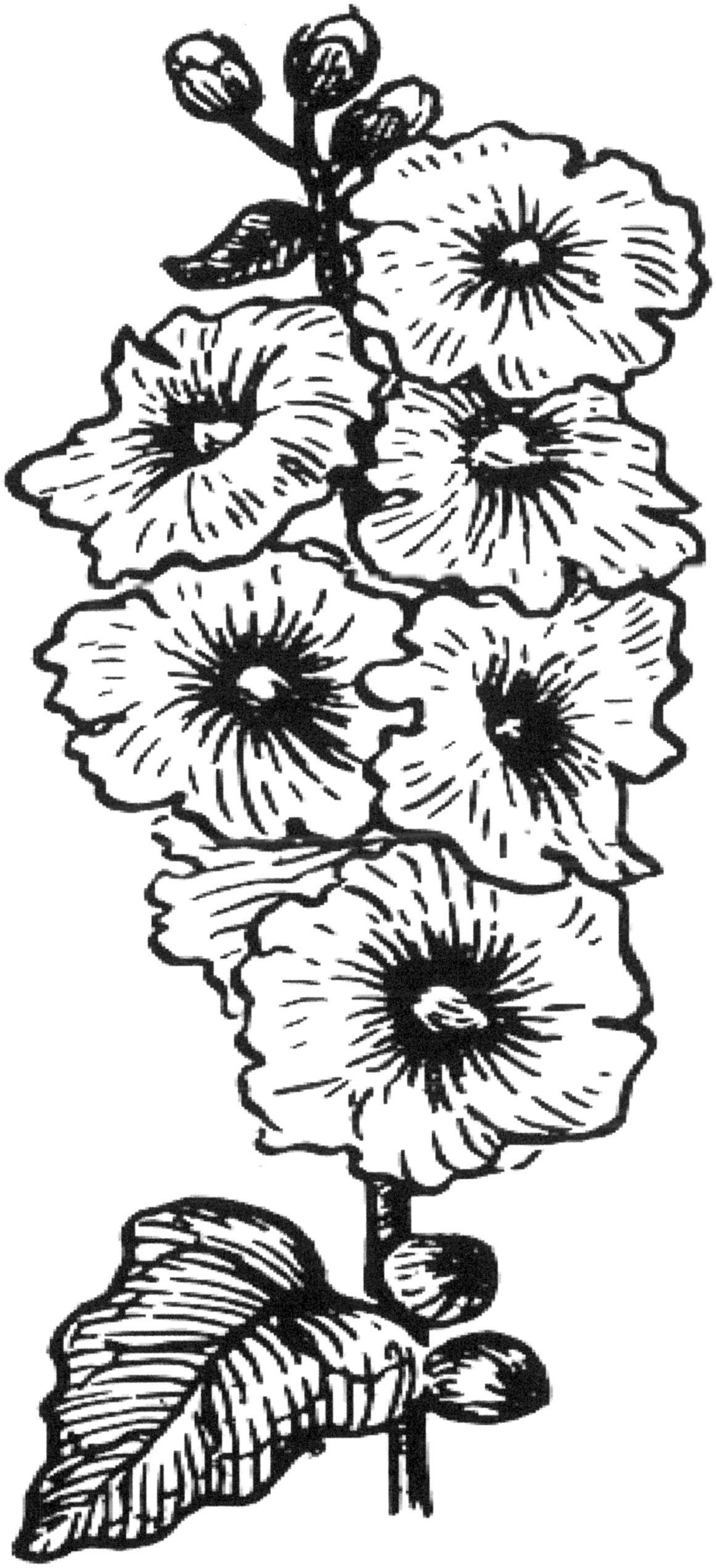

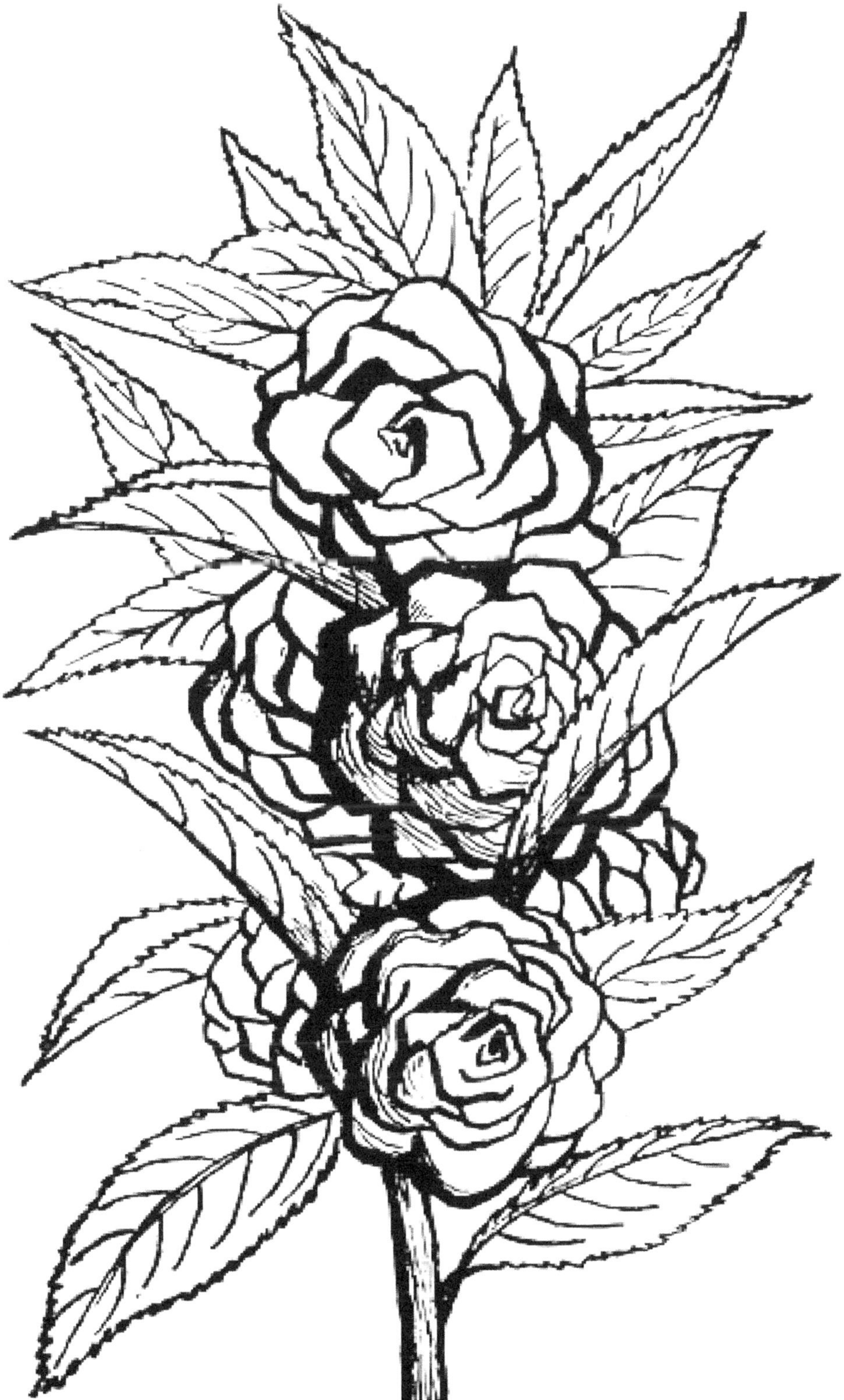

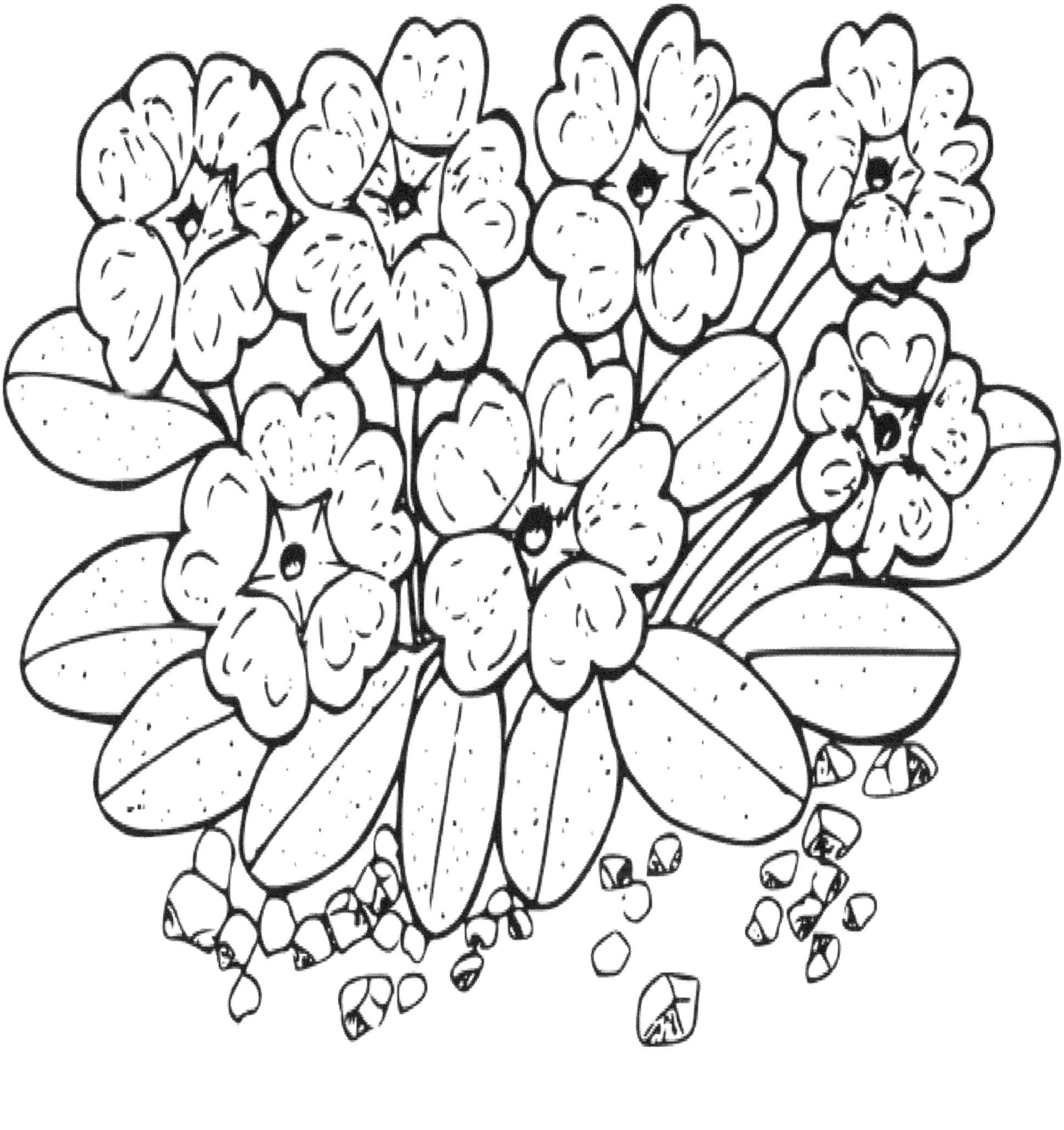

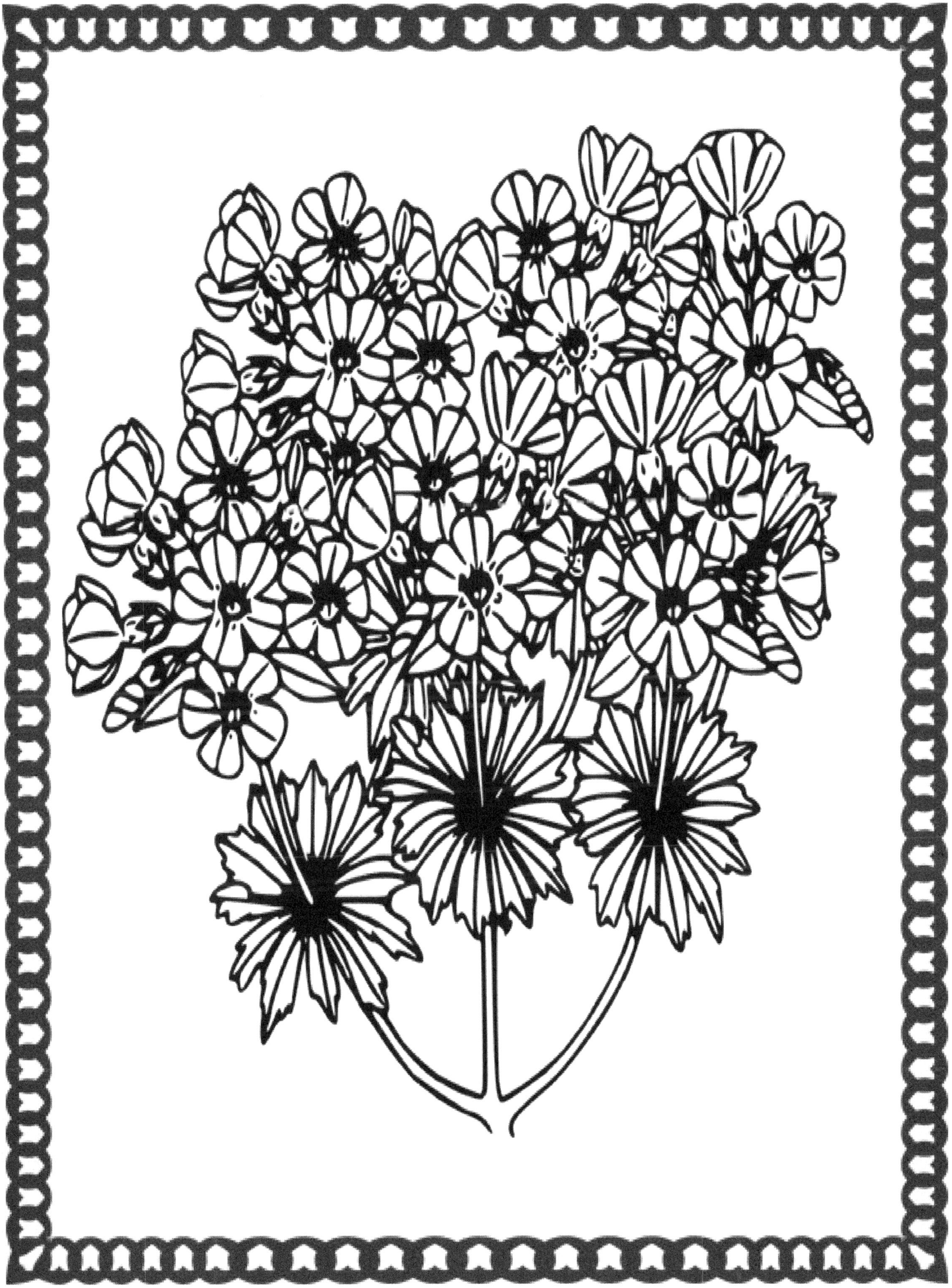

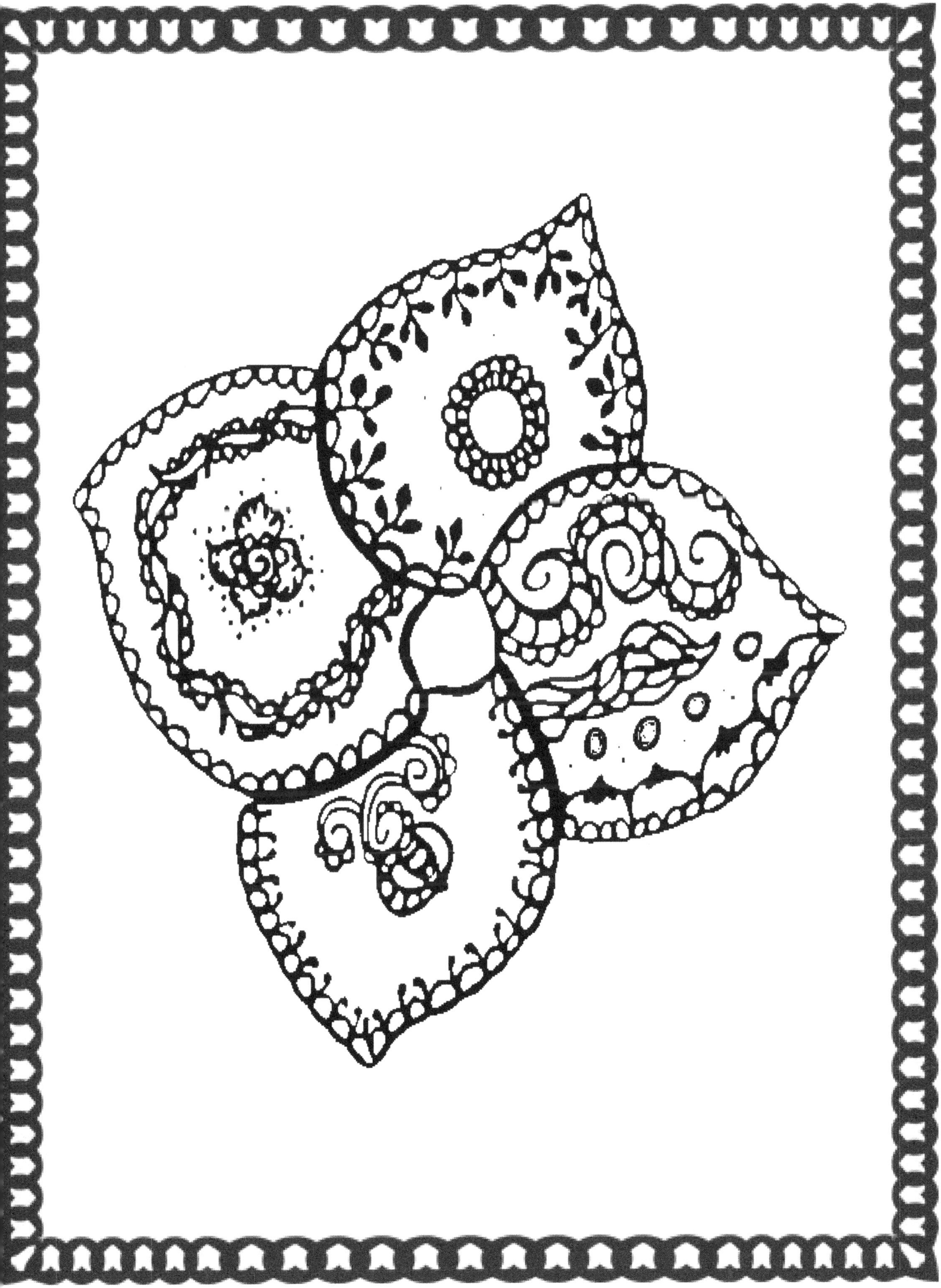

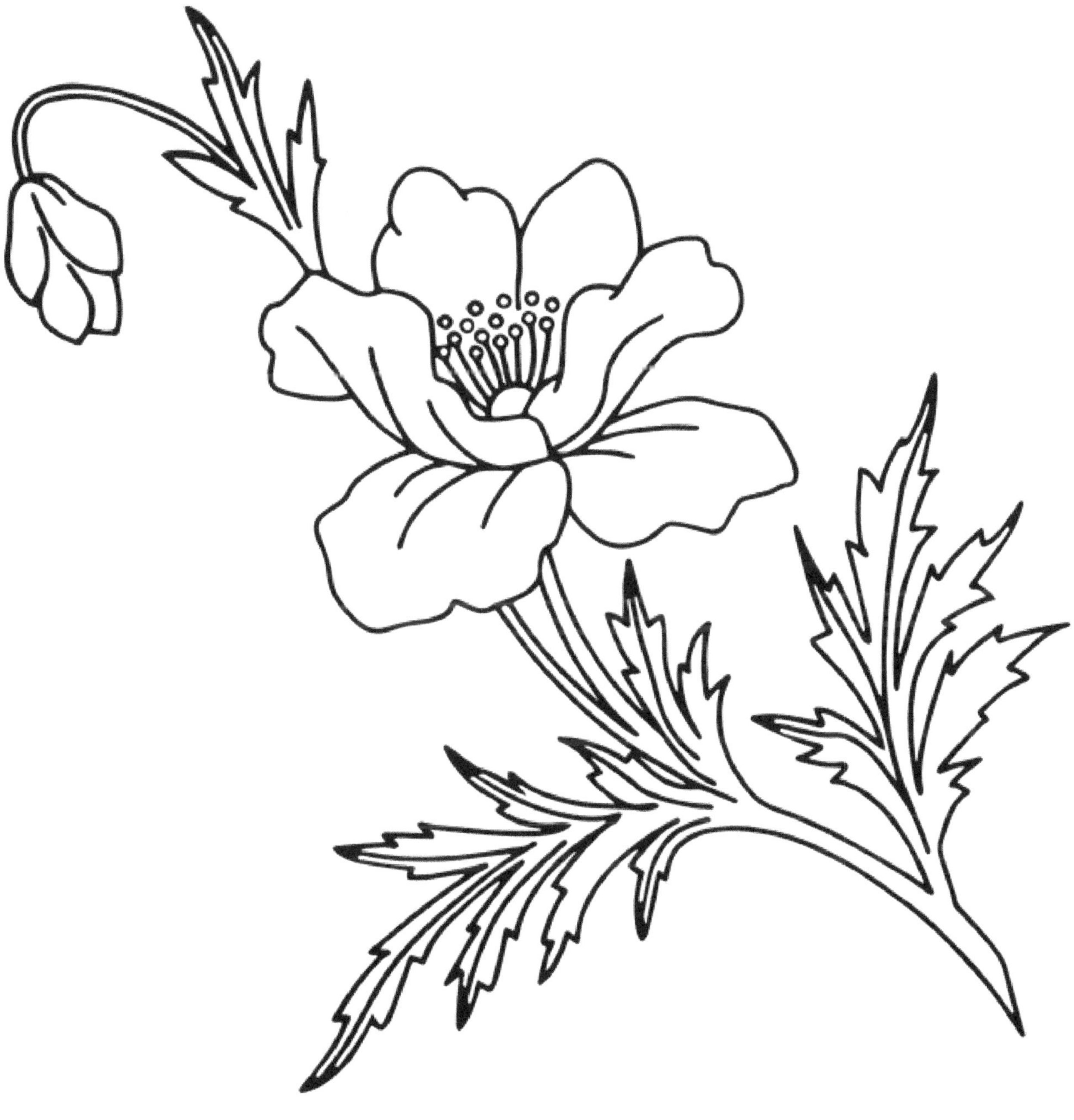

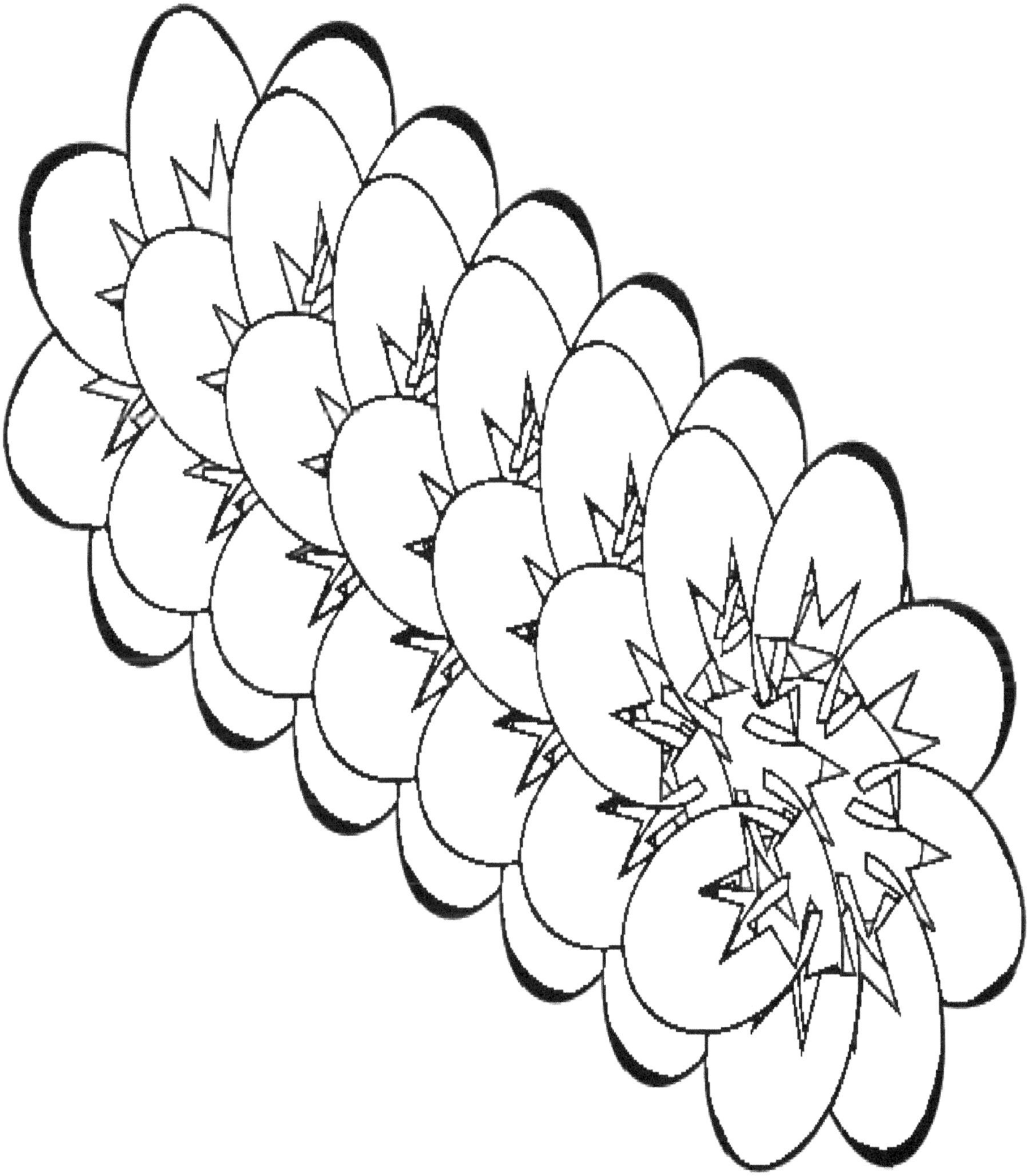

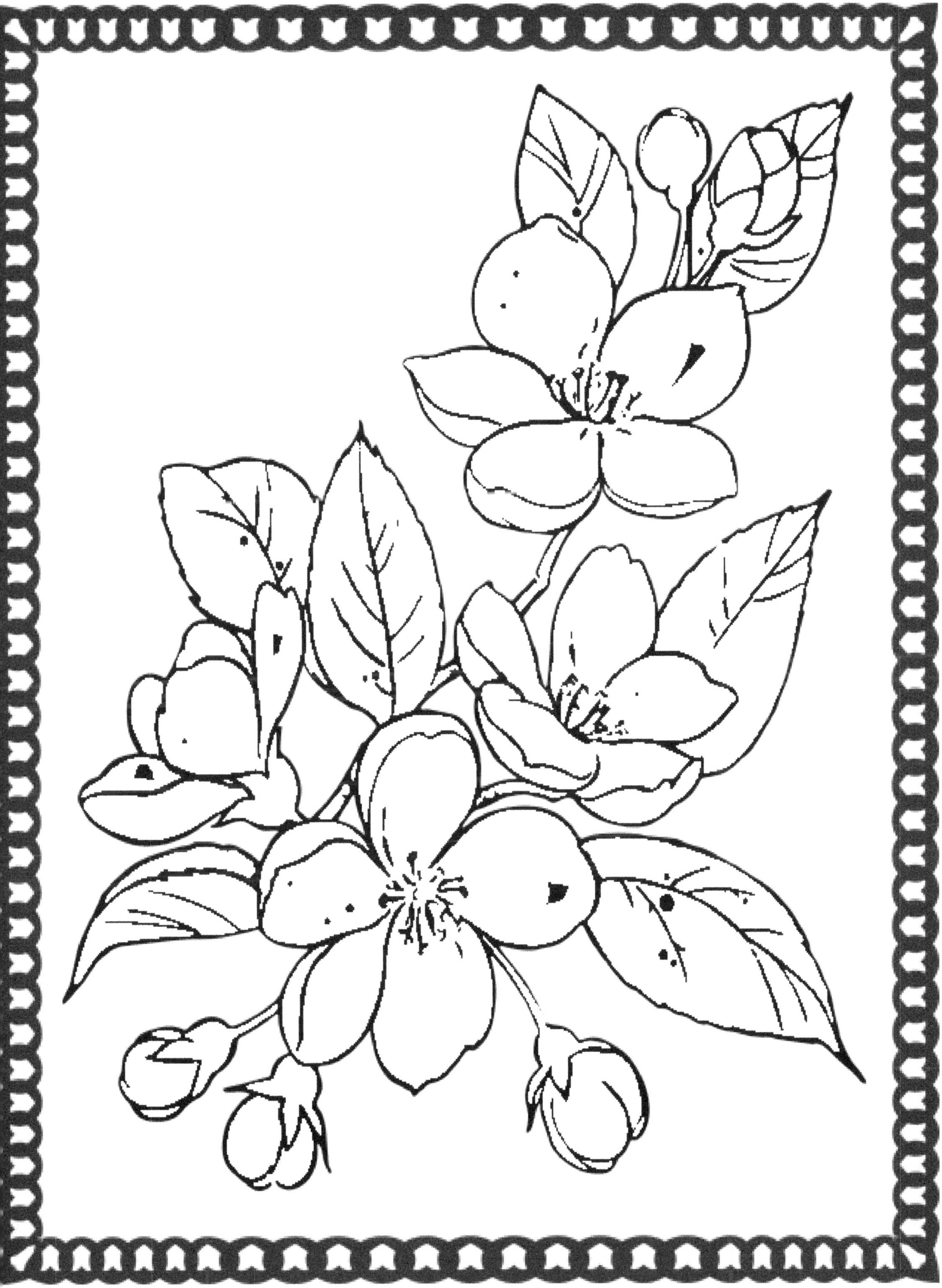

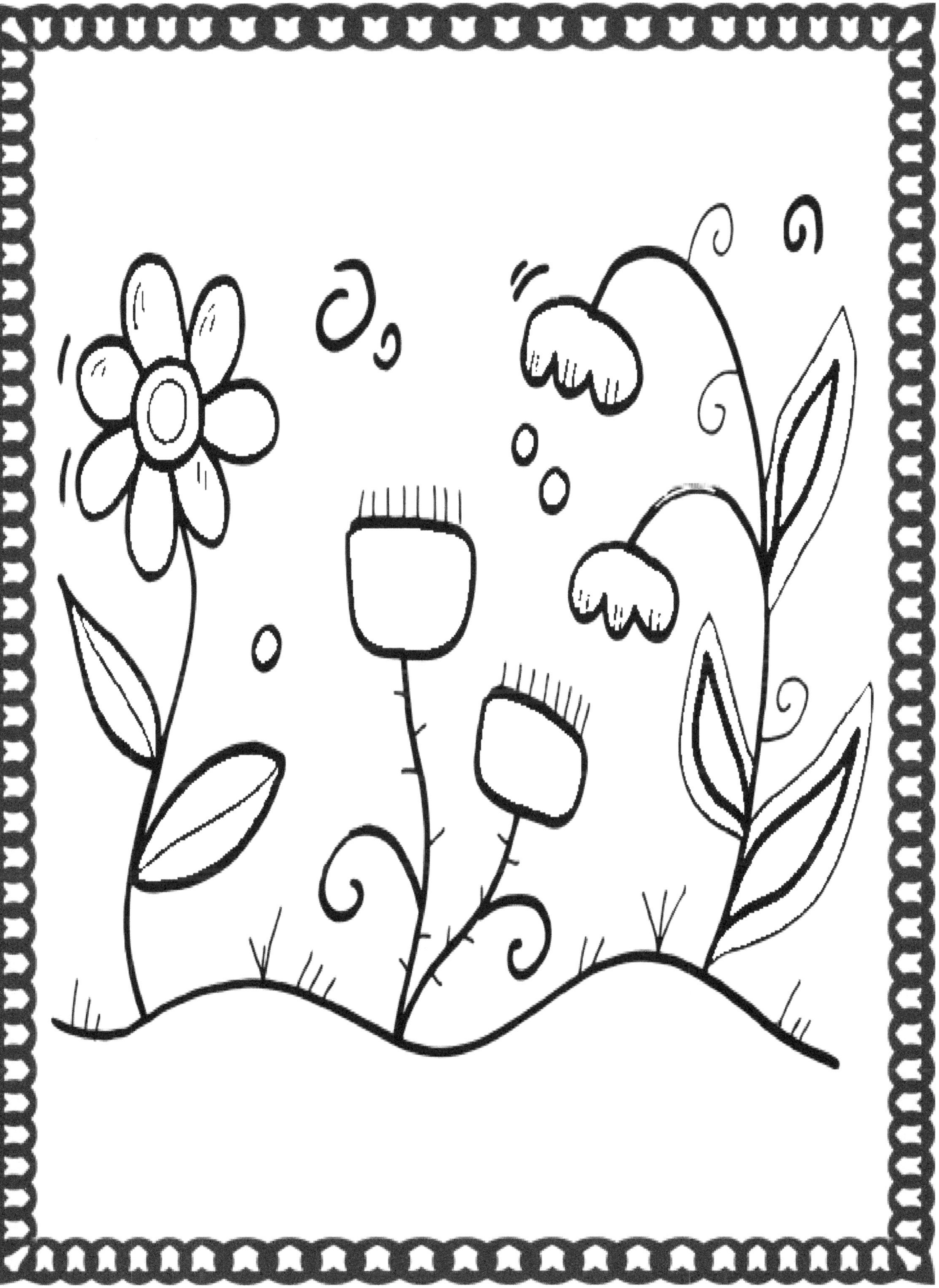

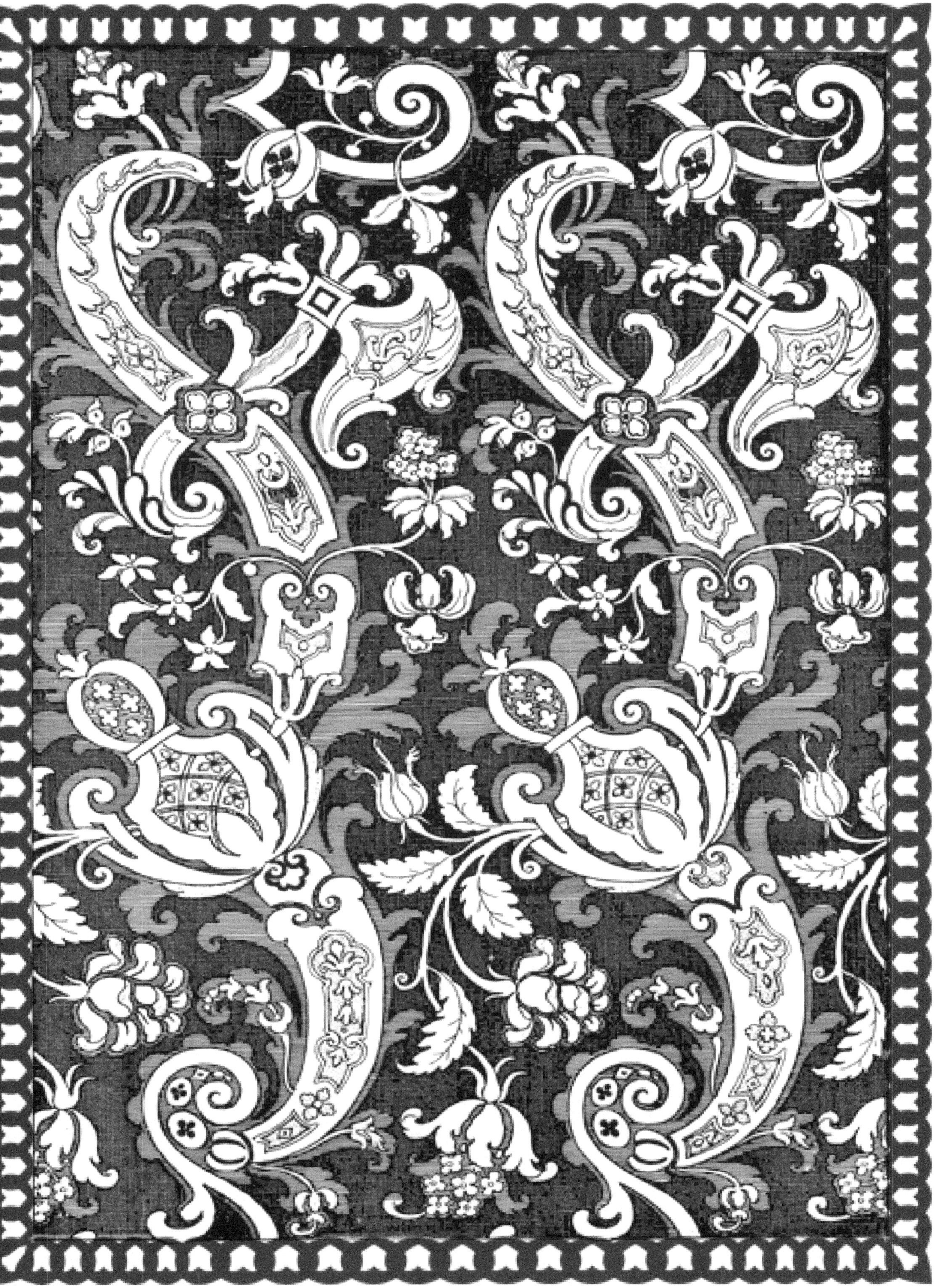

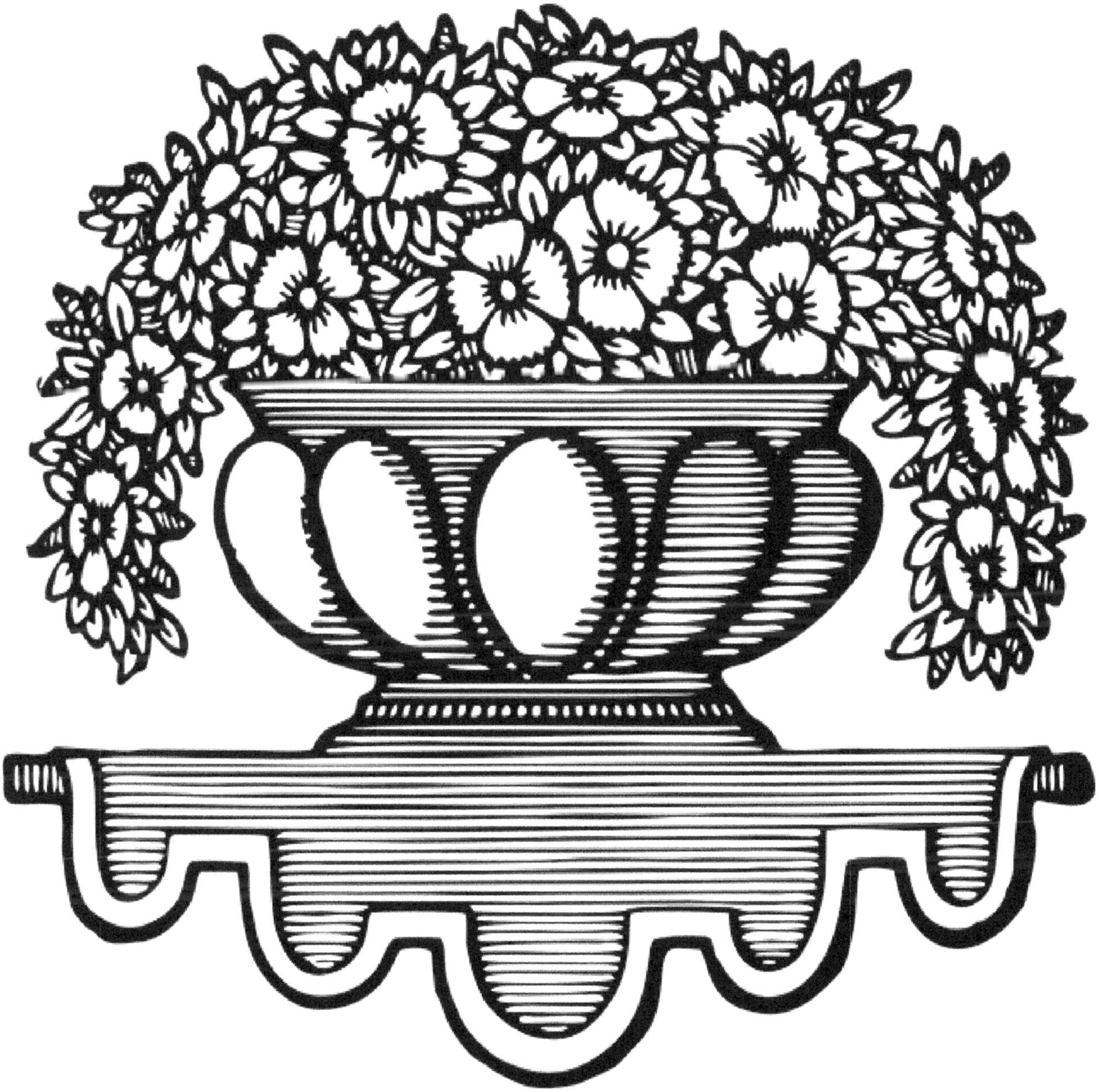

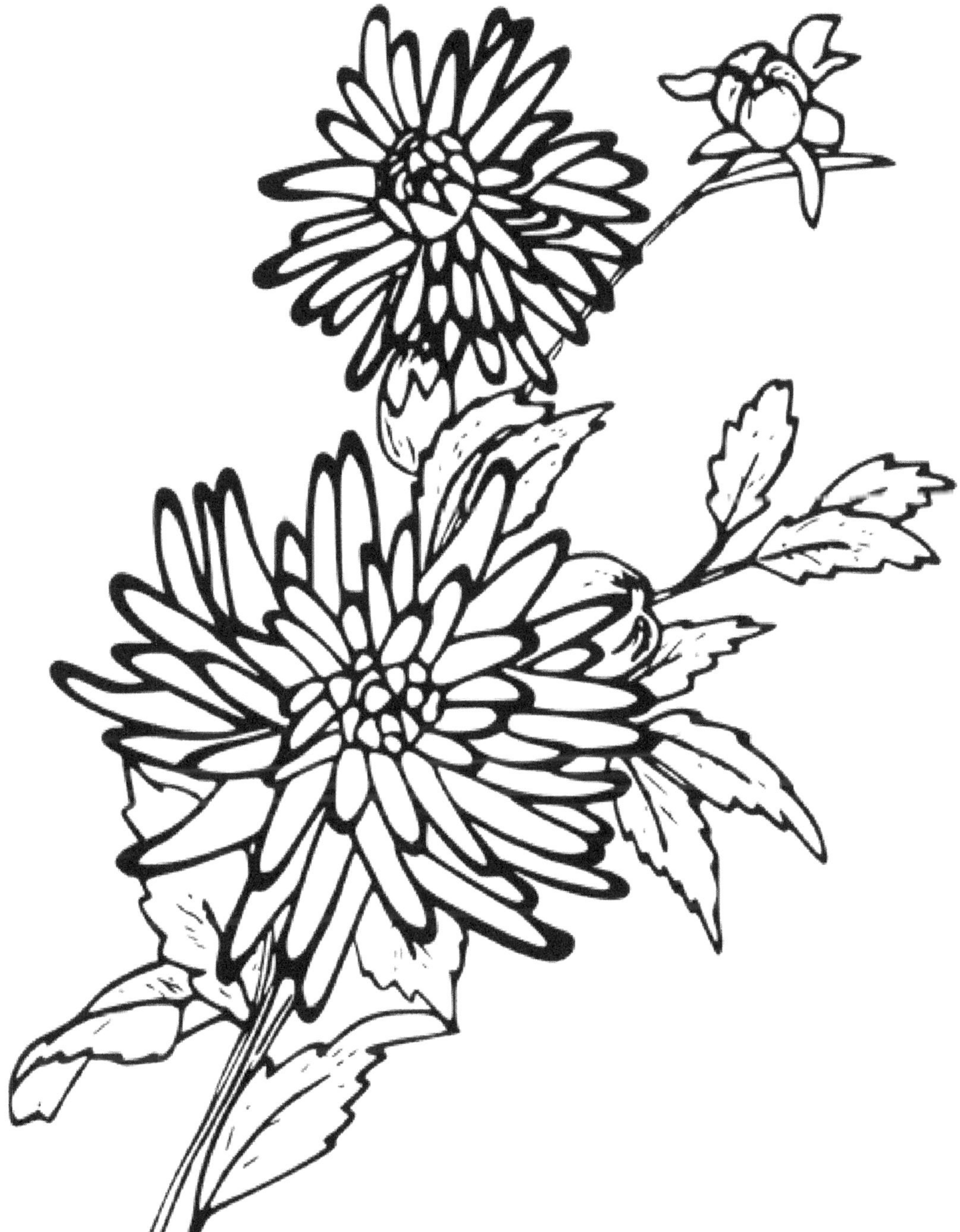

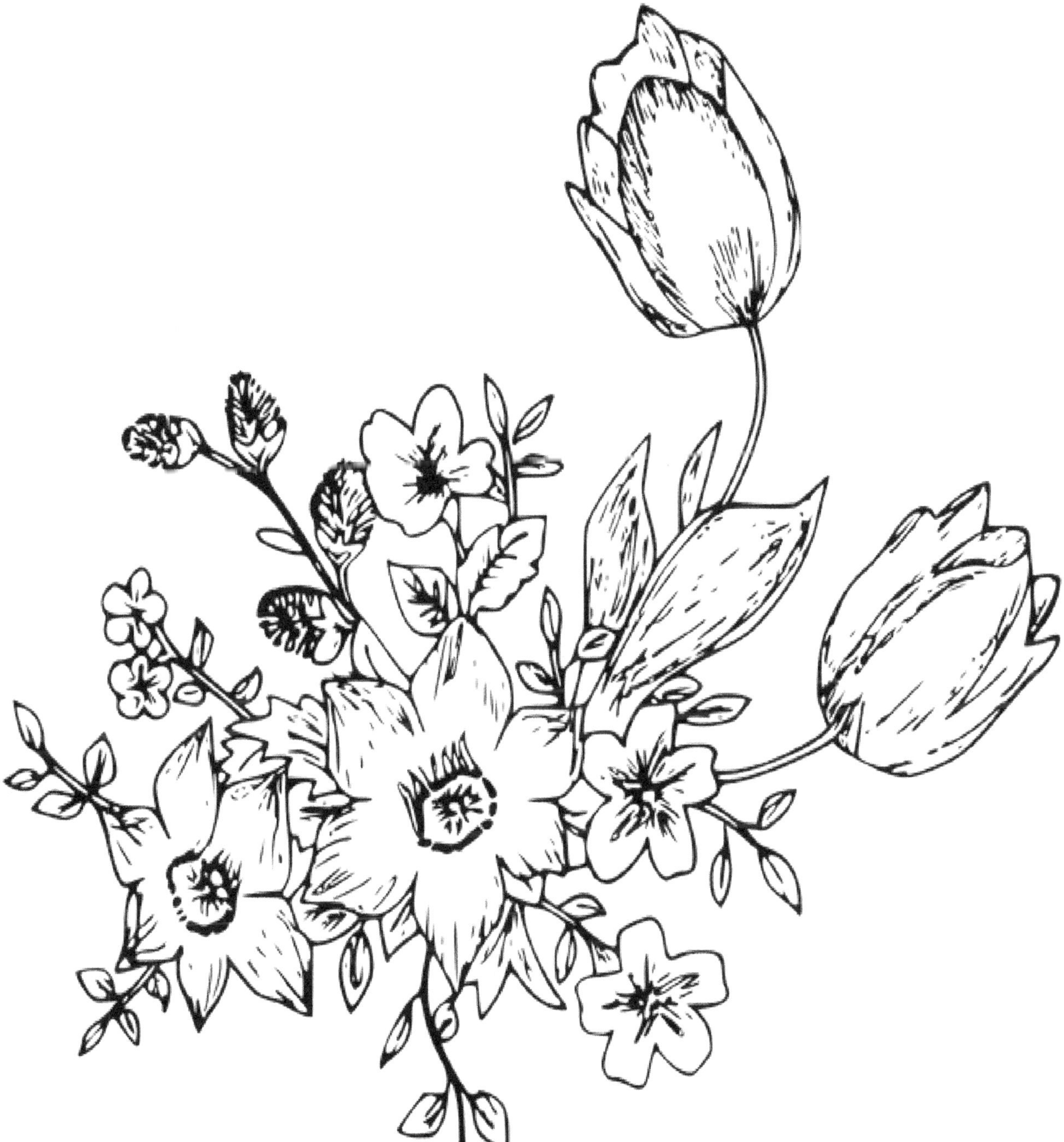

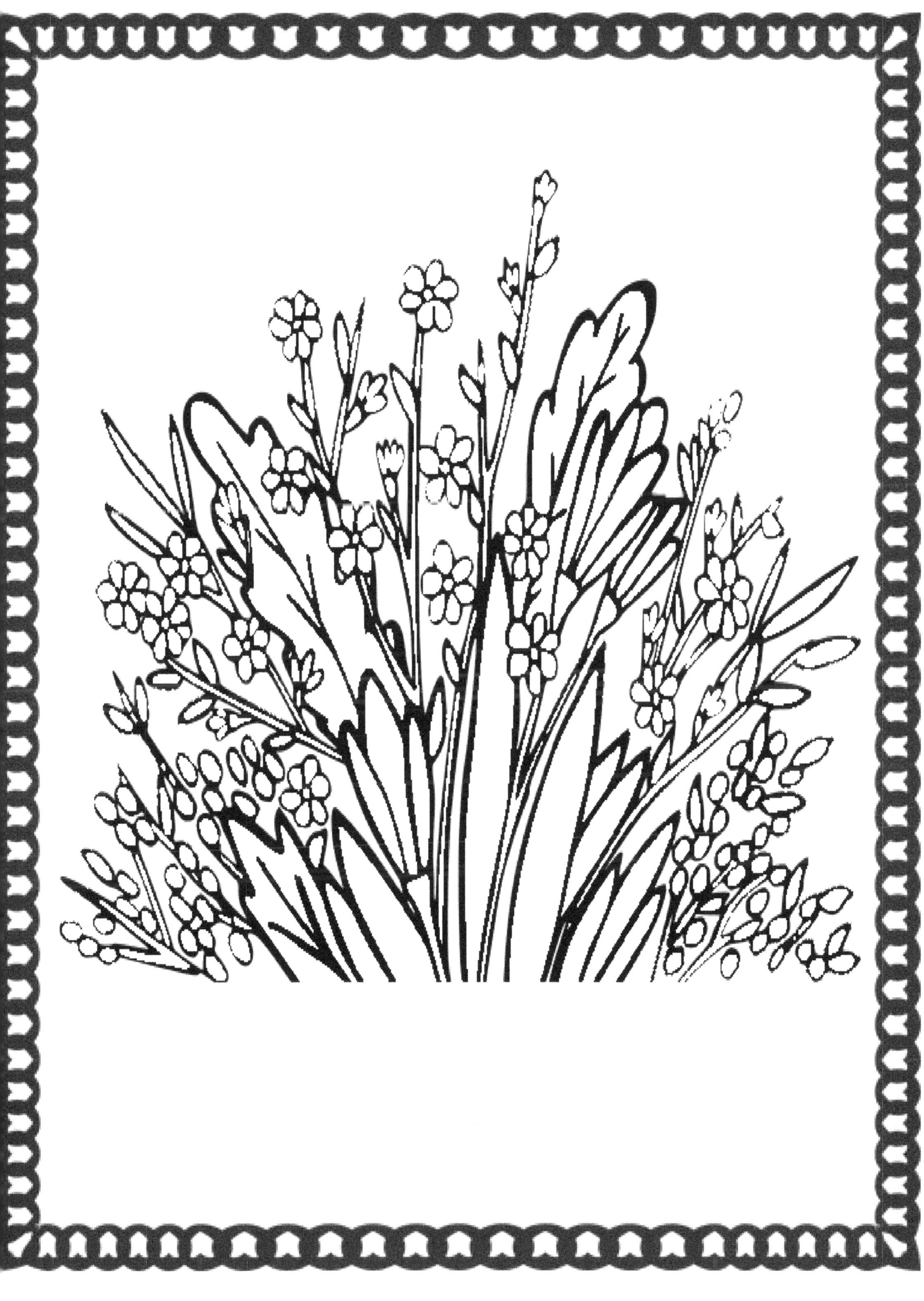

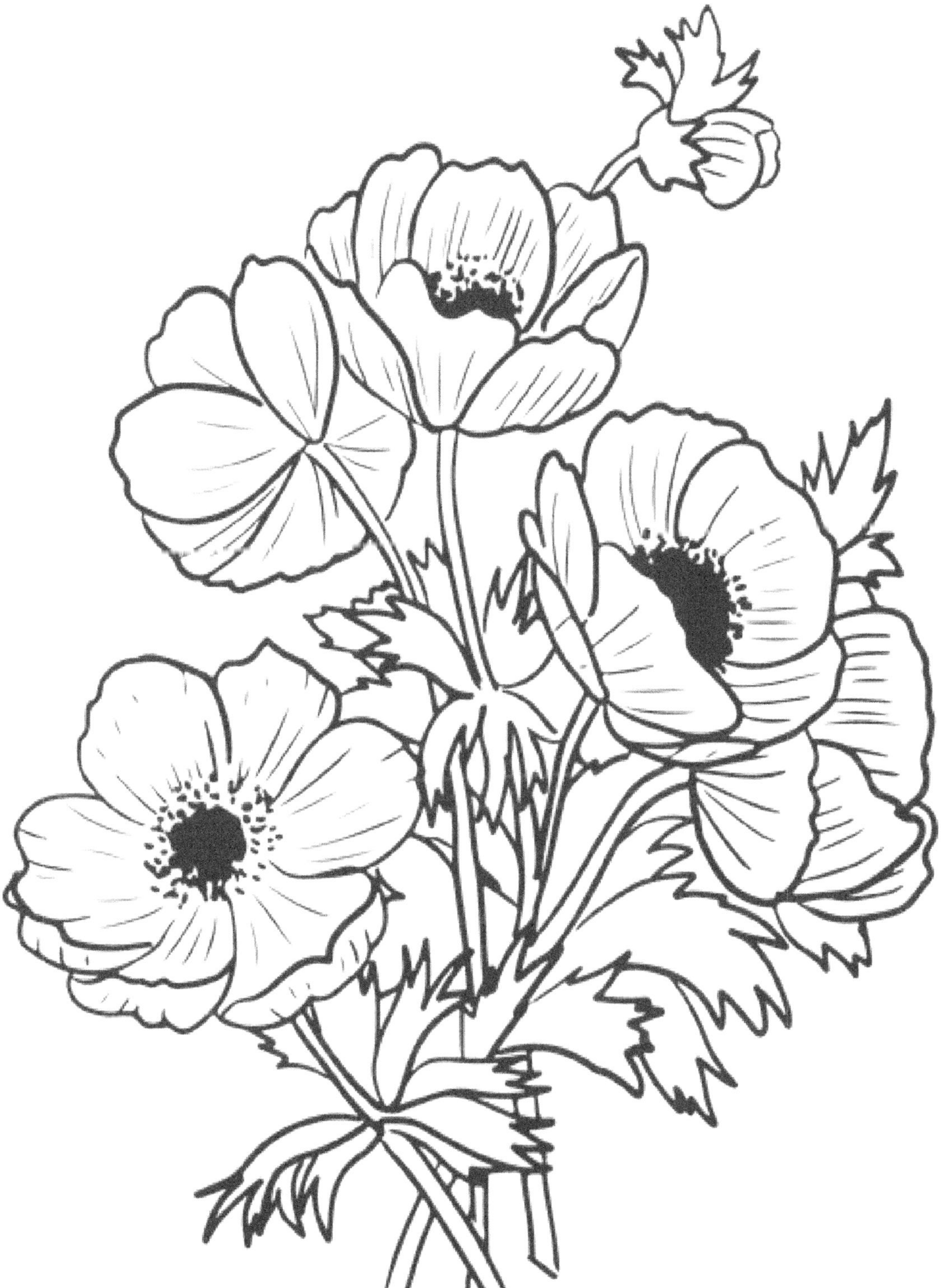

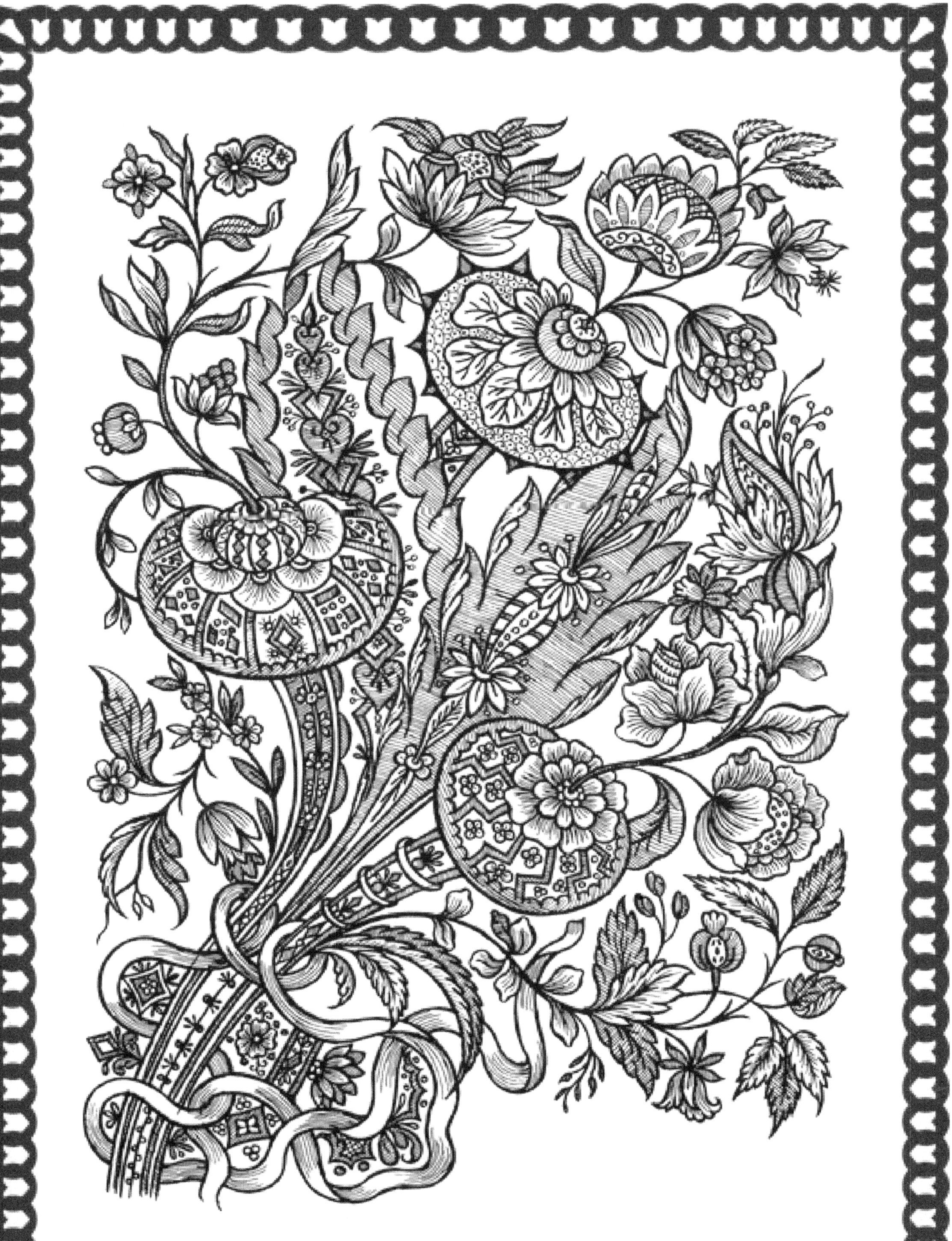

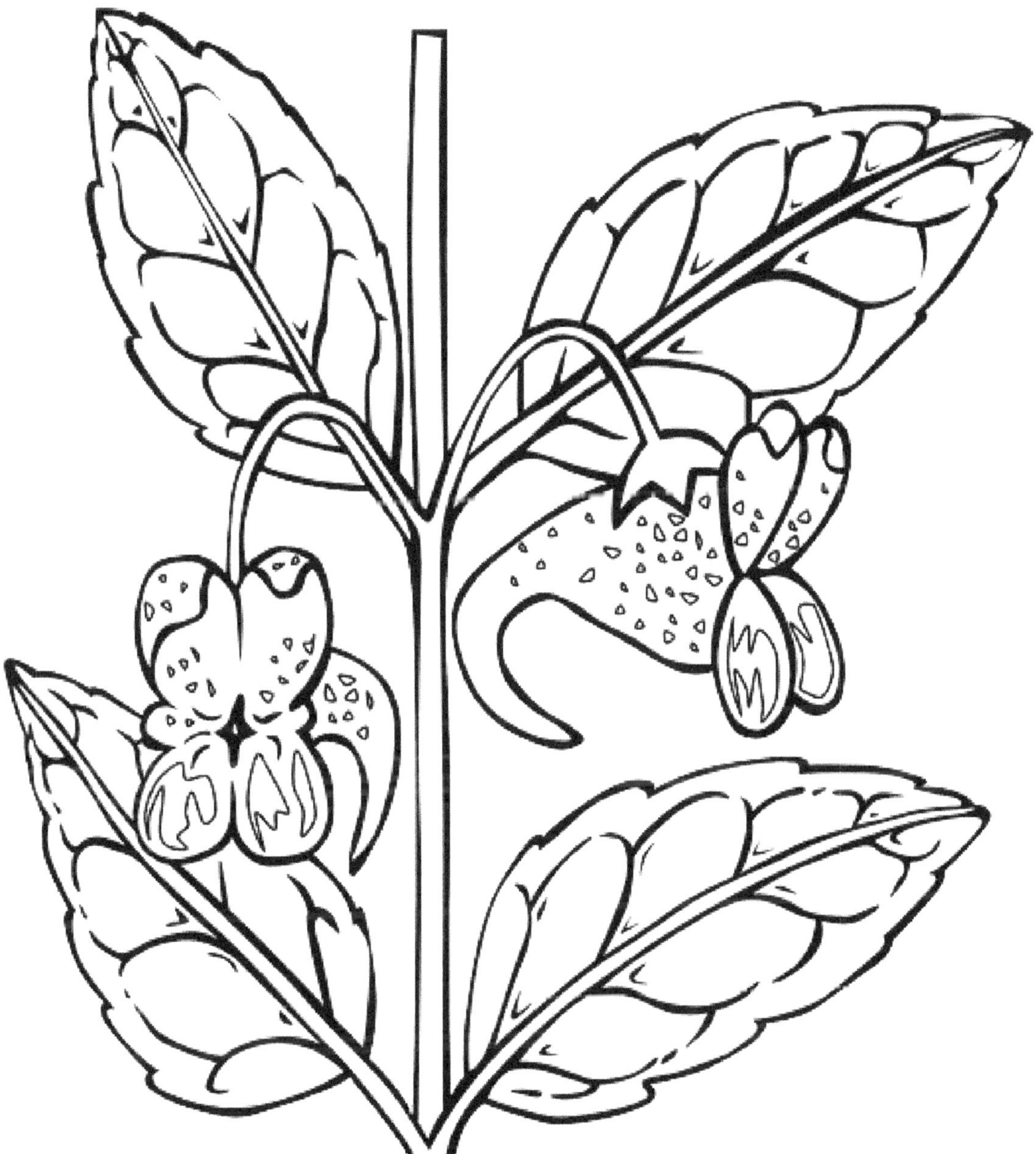
KU

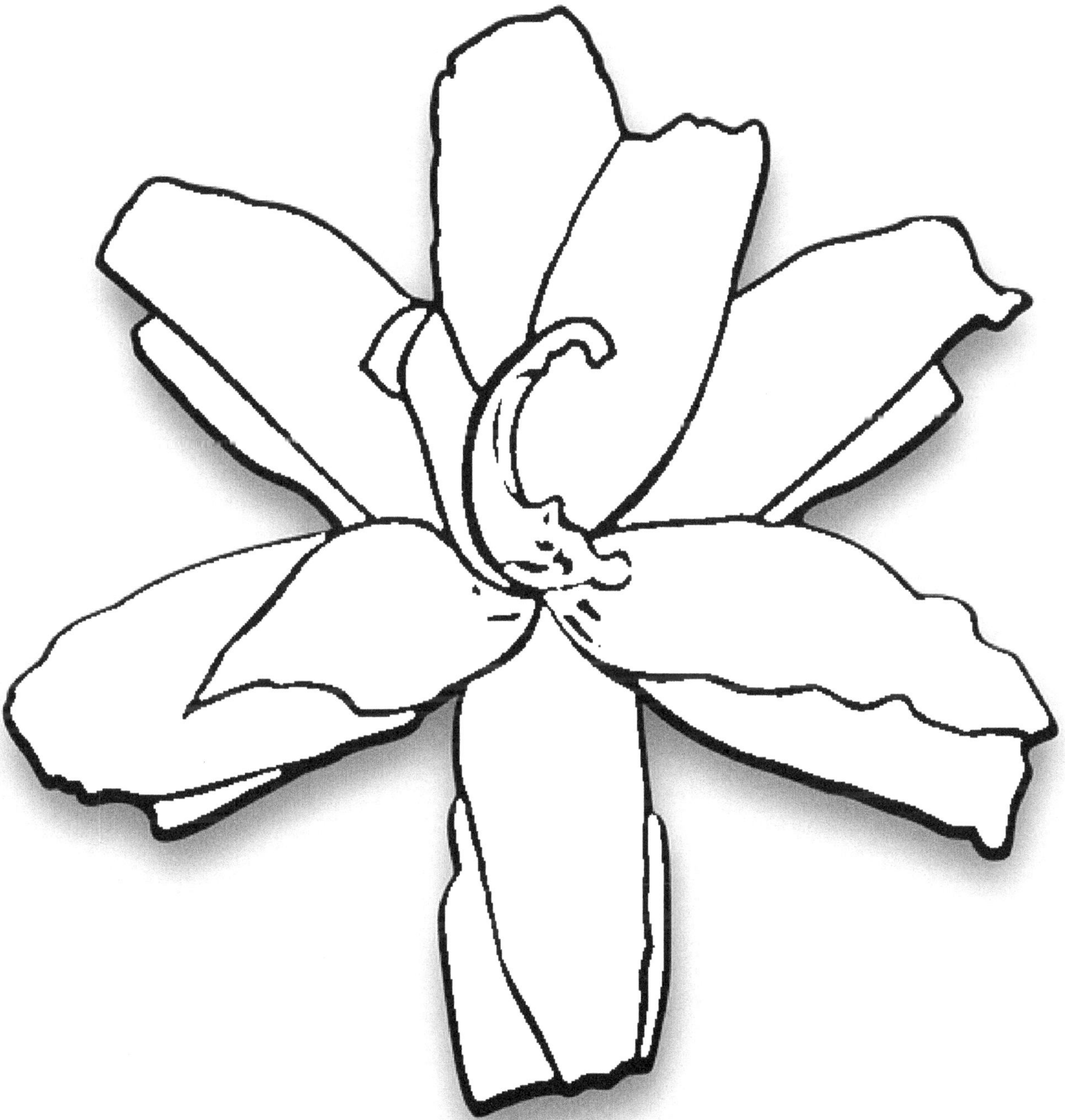

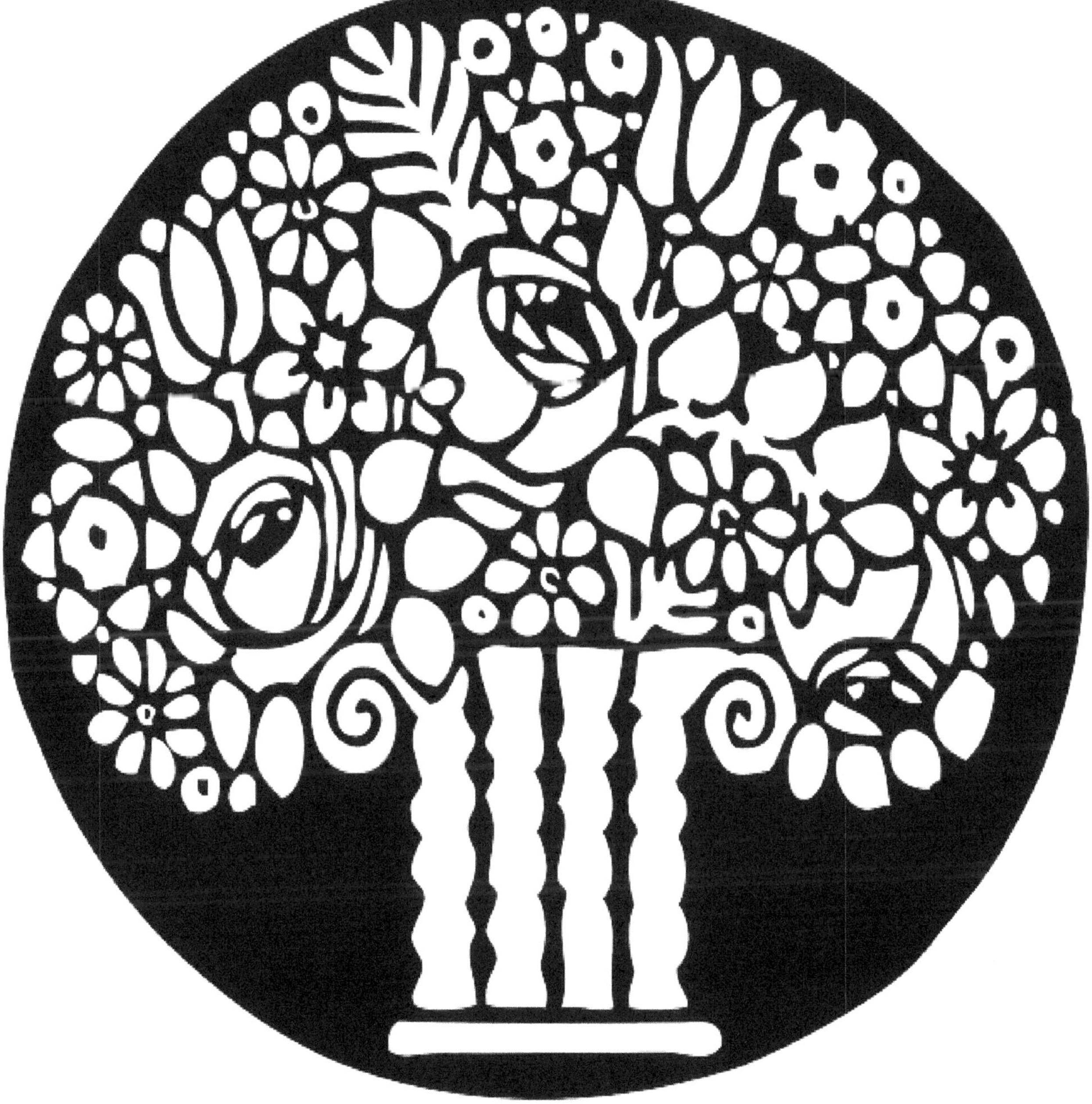

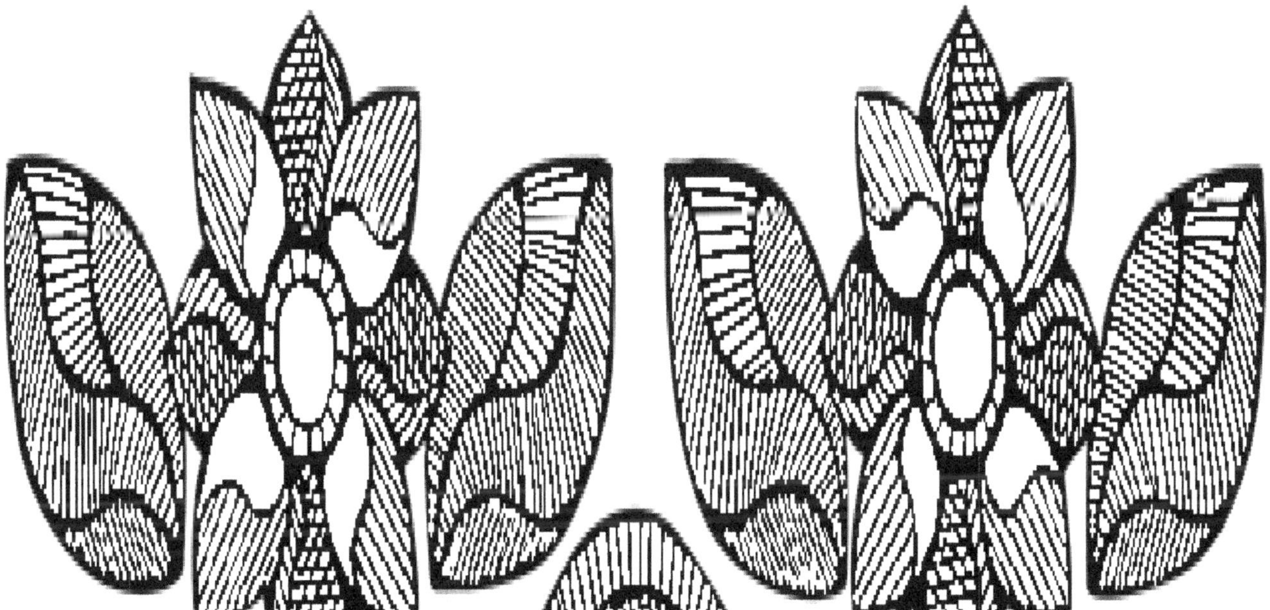

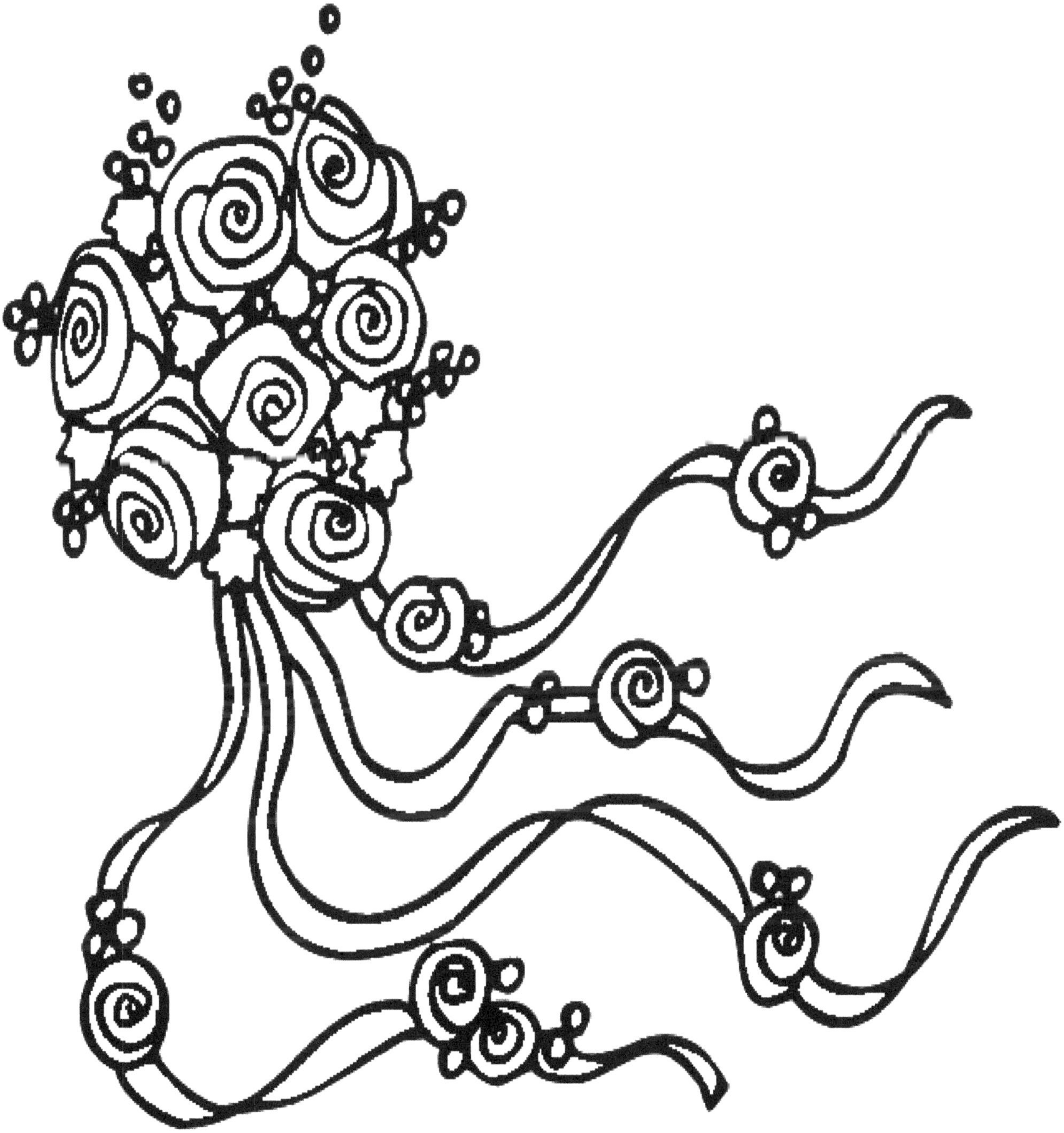

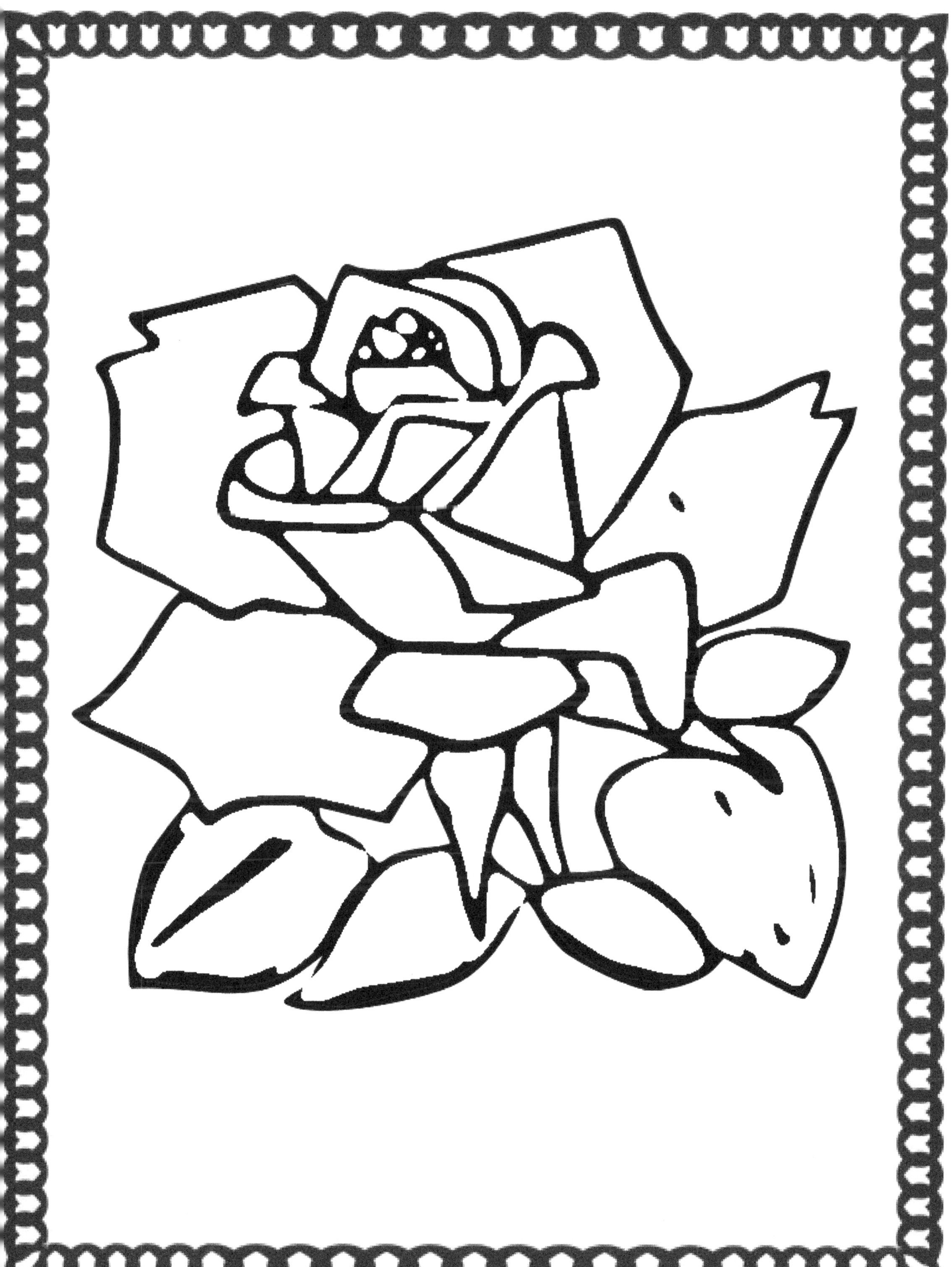

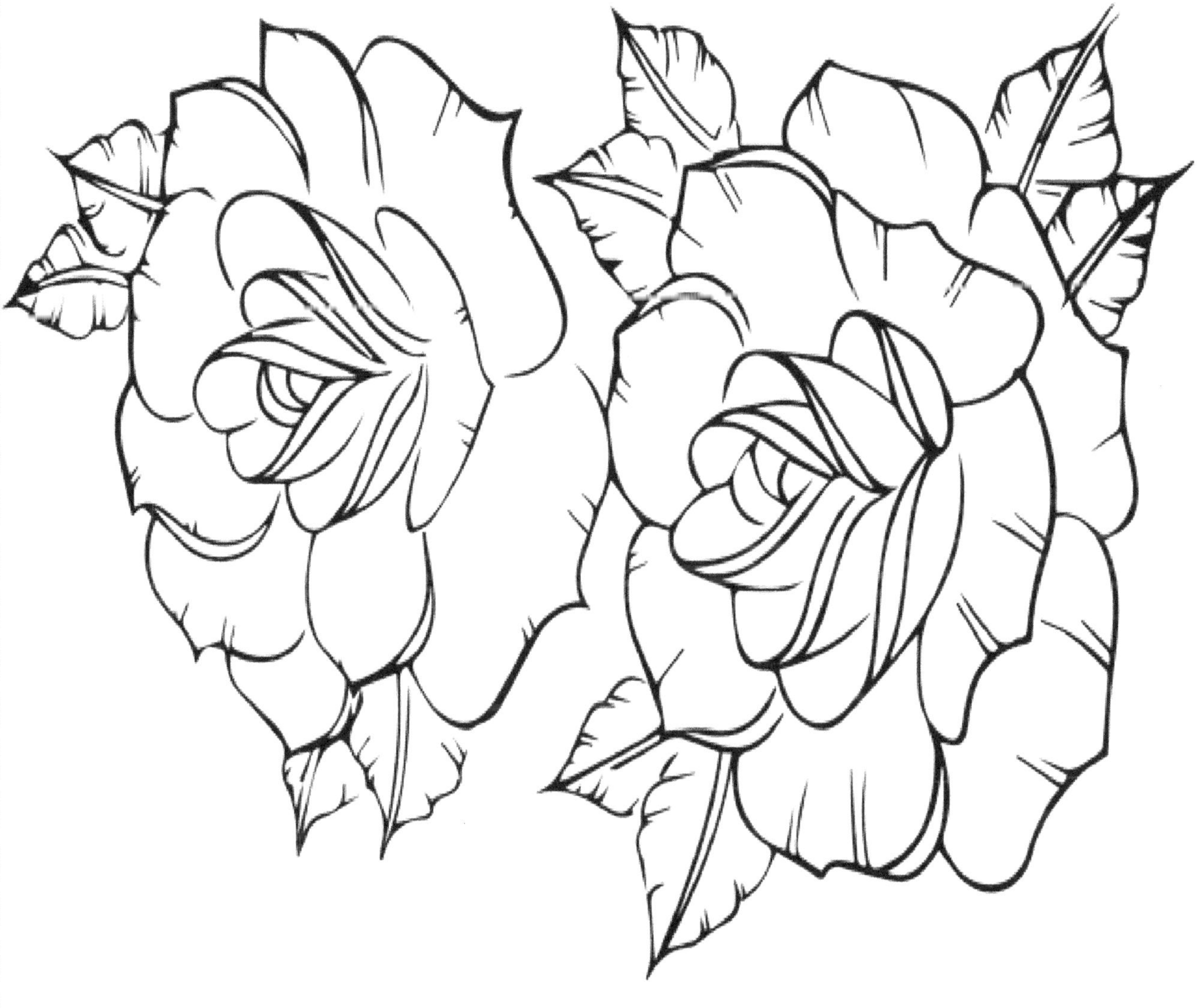

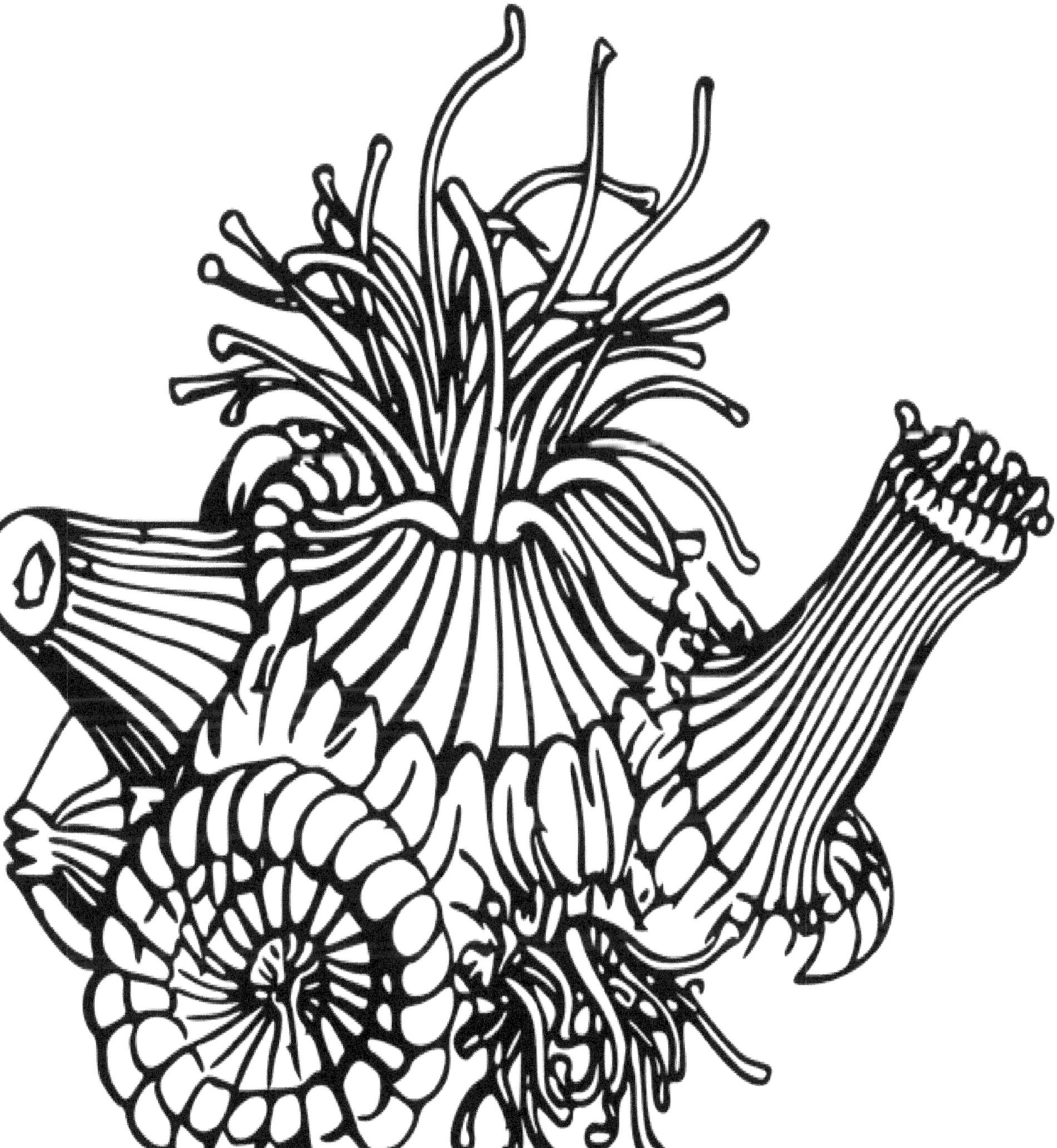

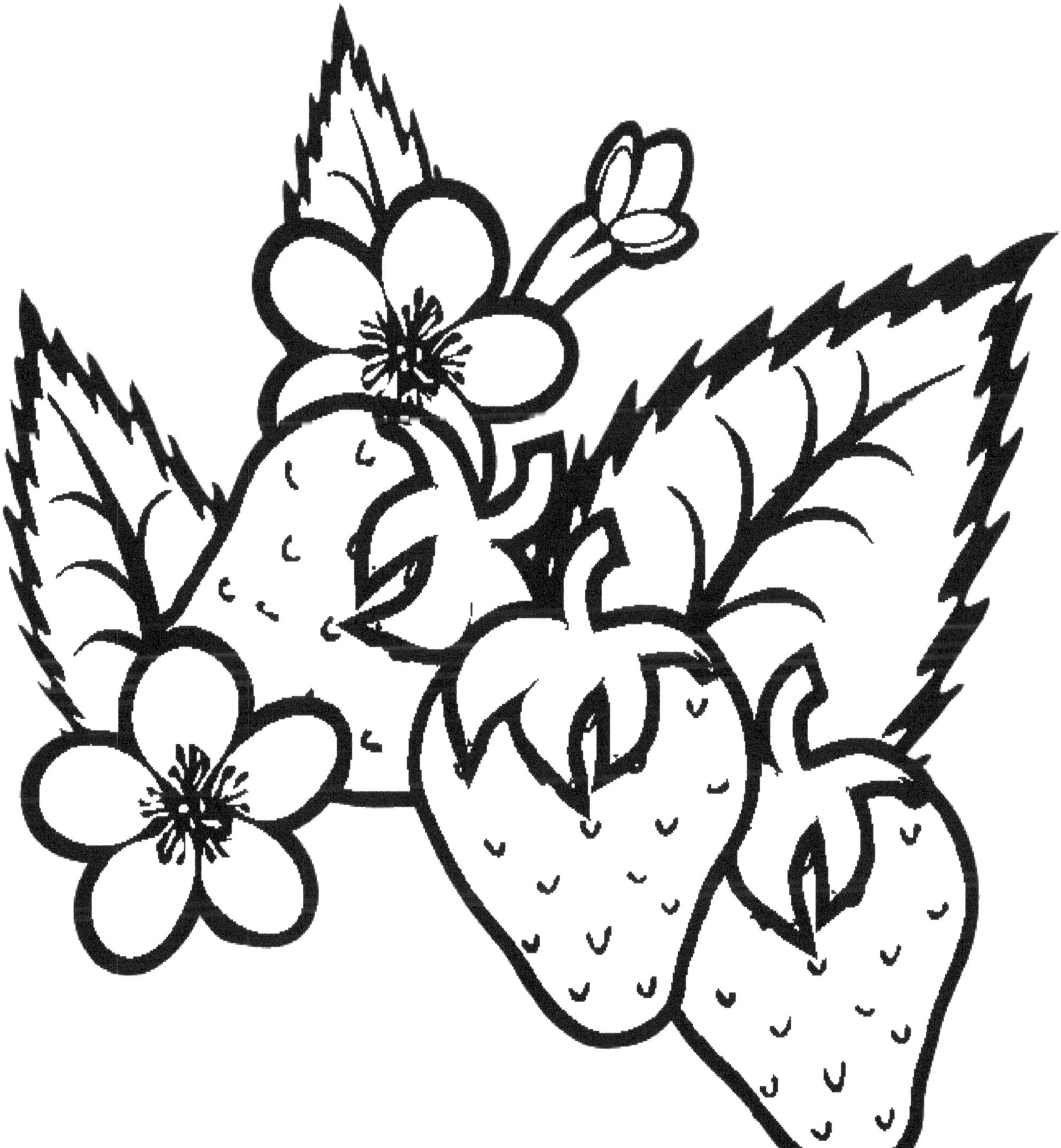

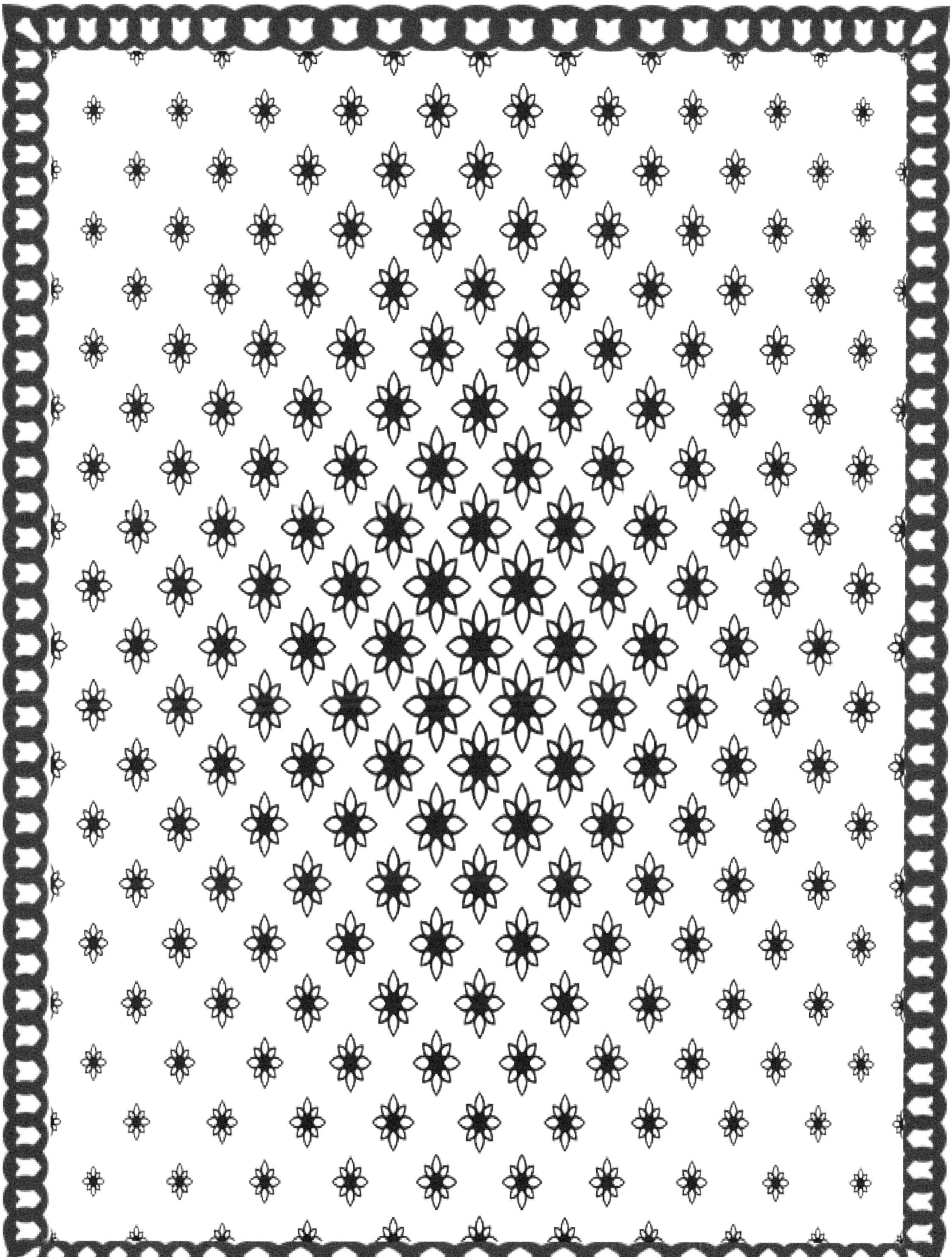

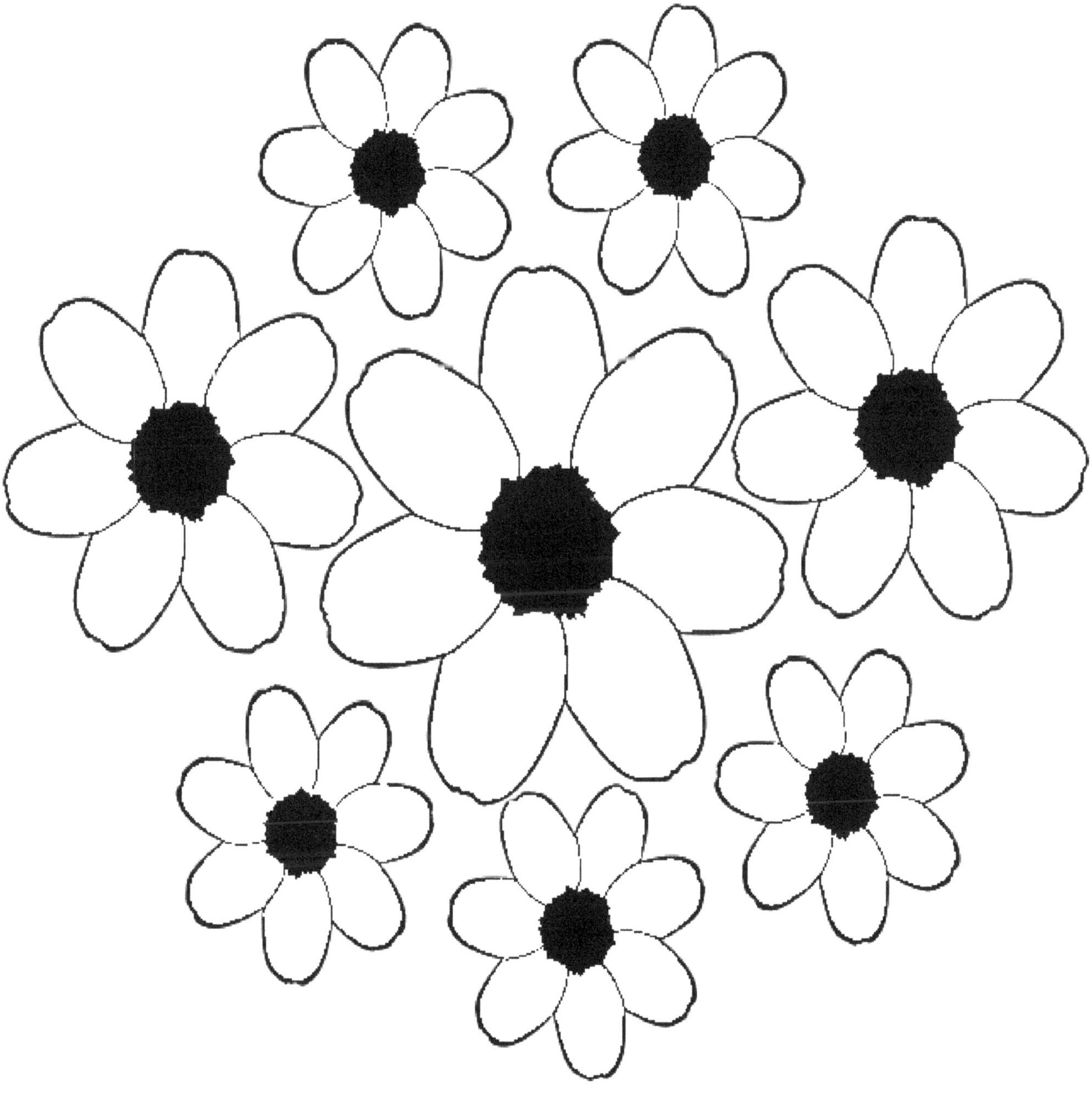

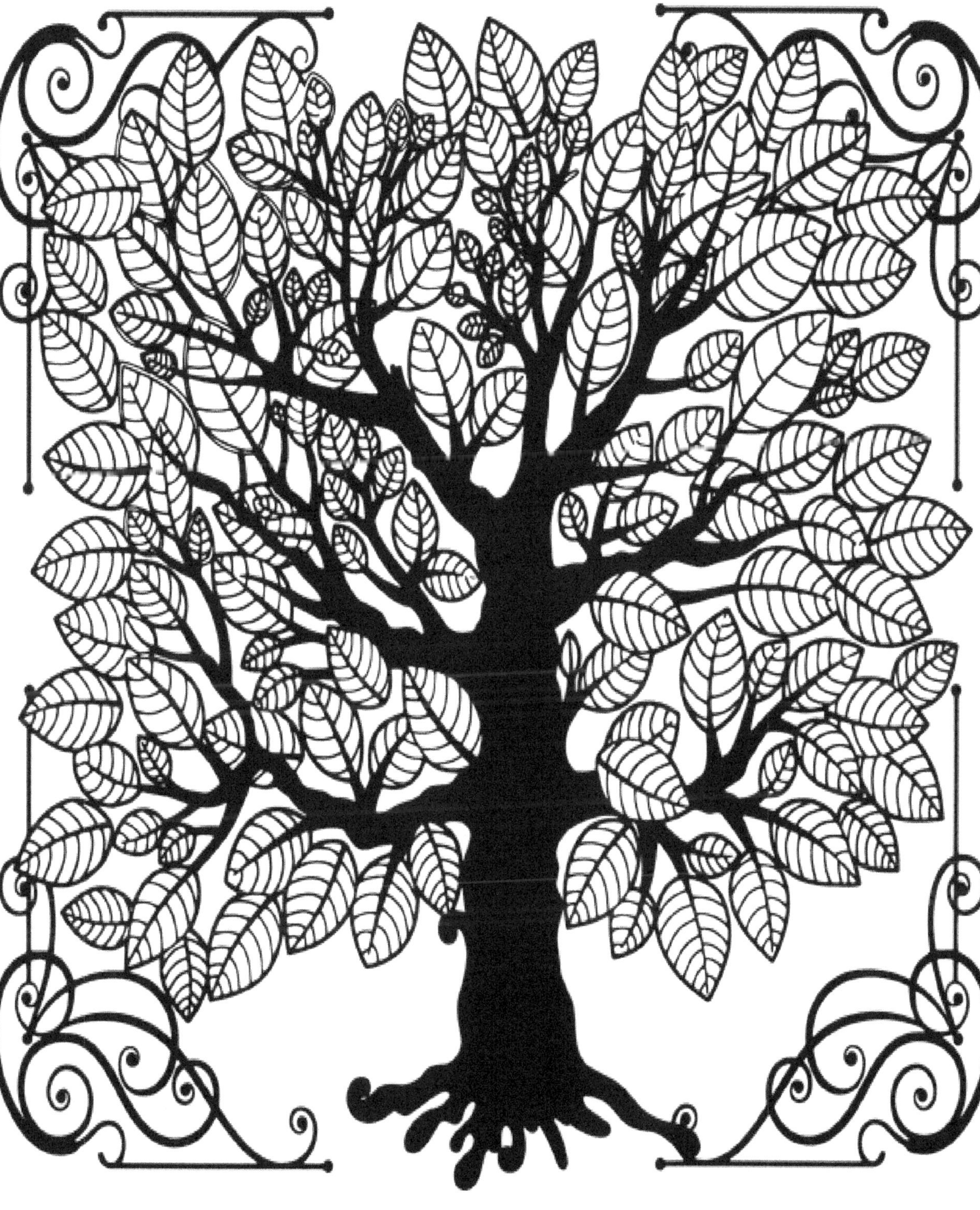

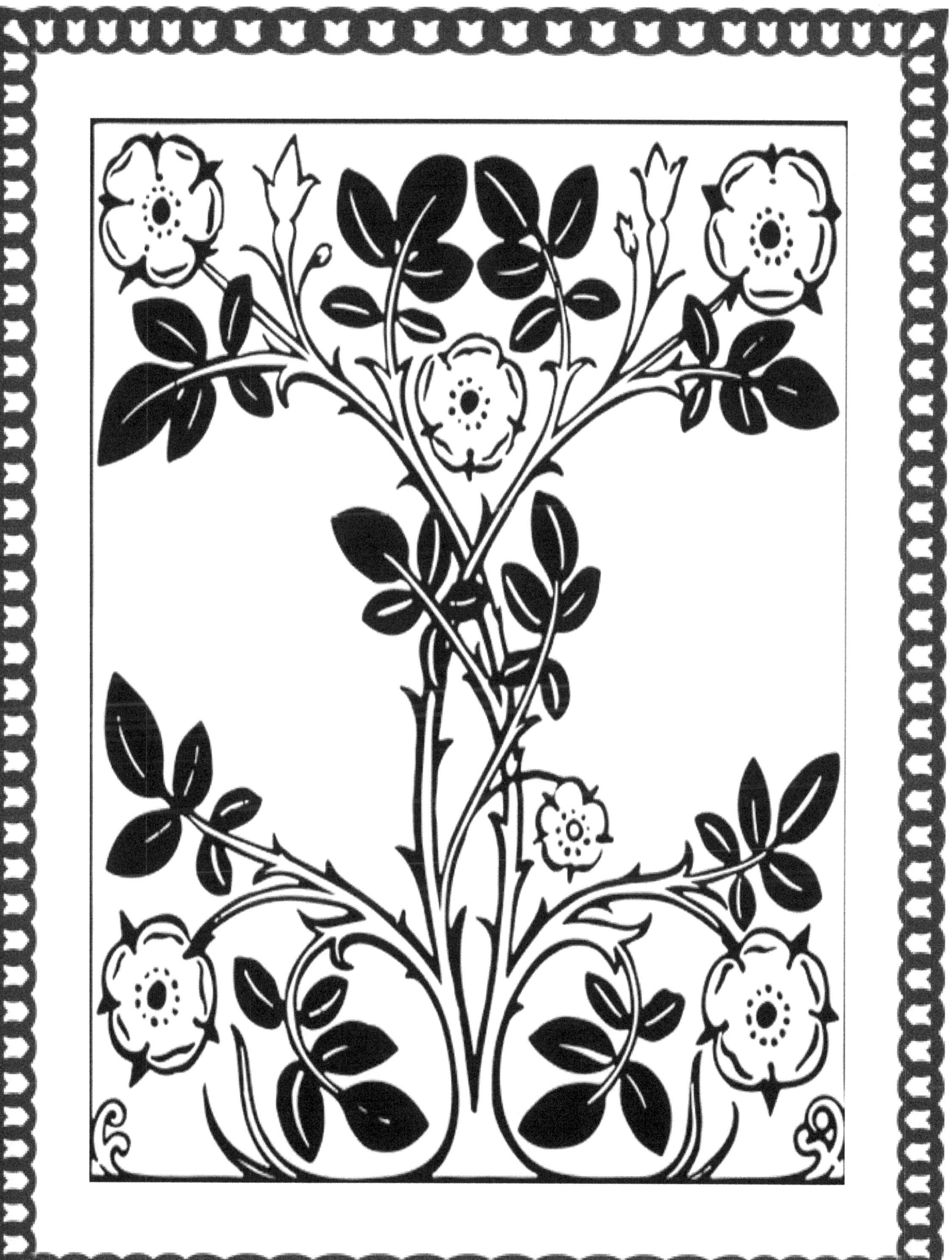

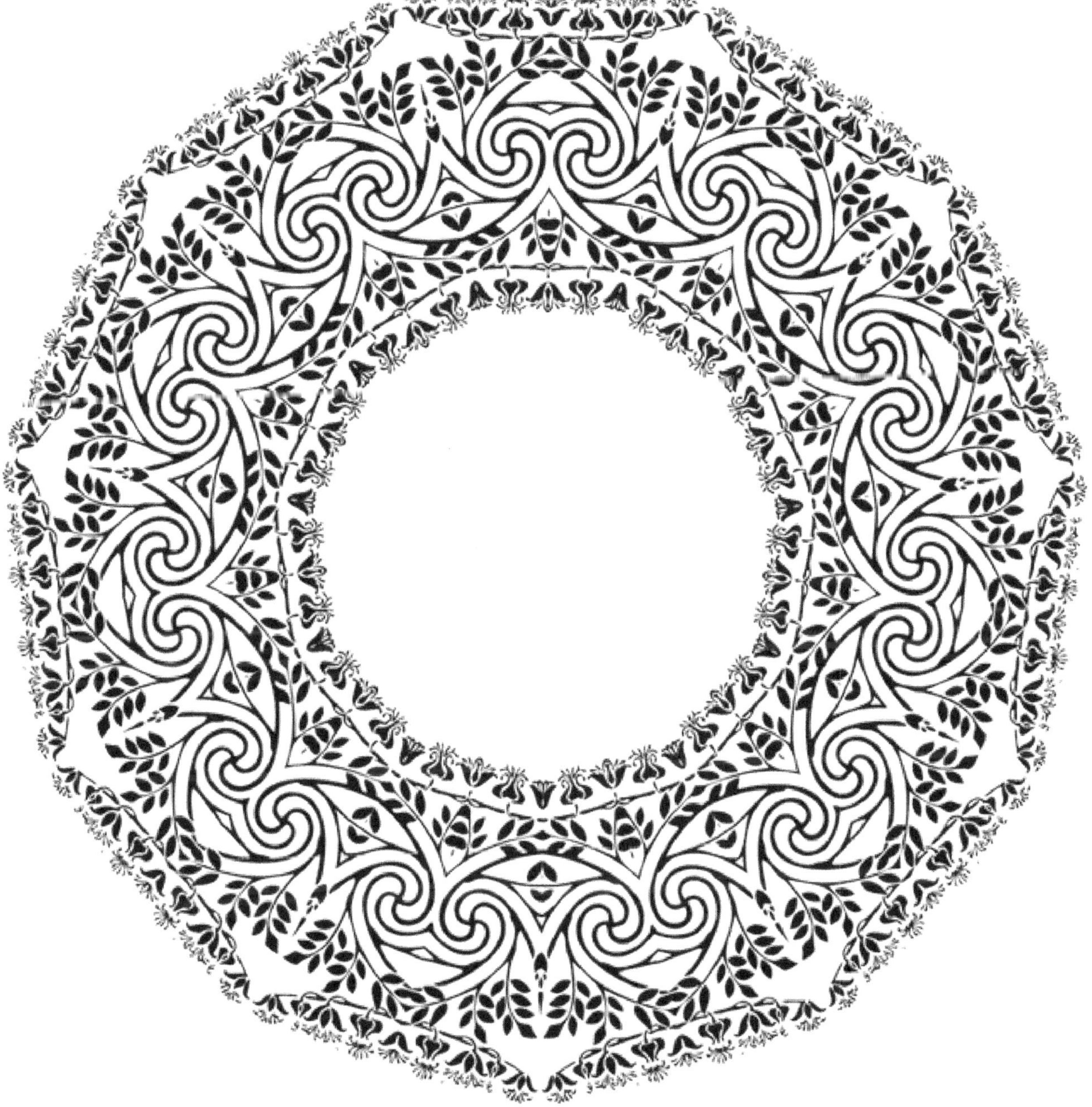

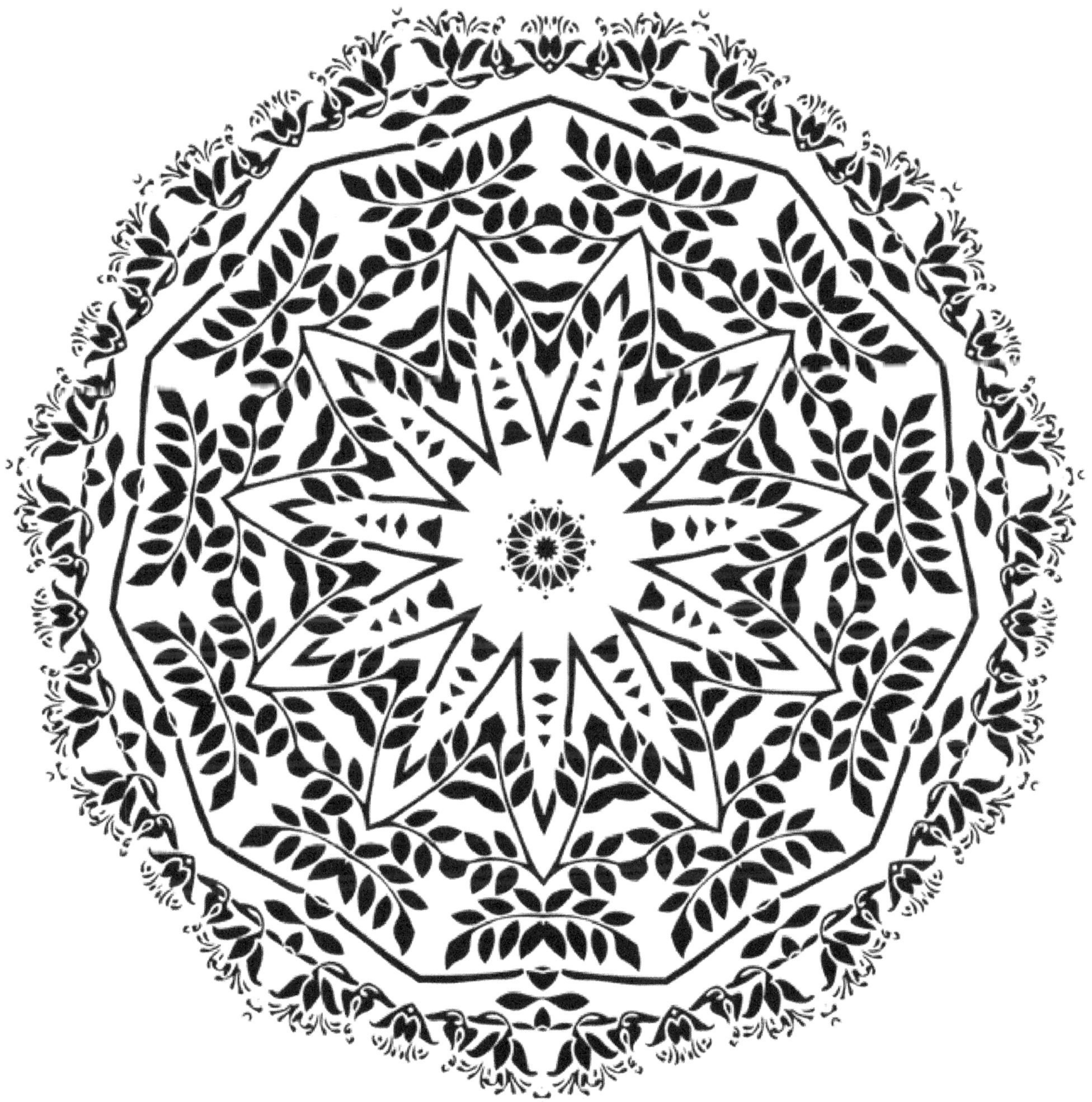

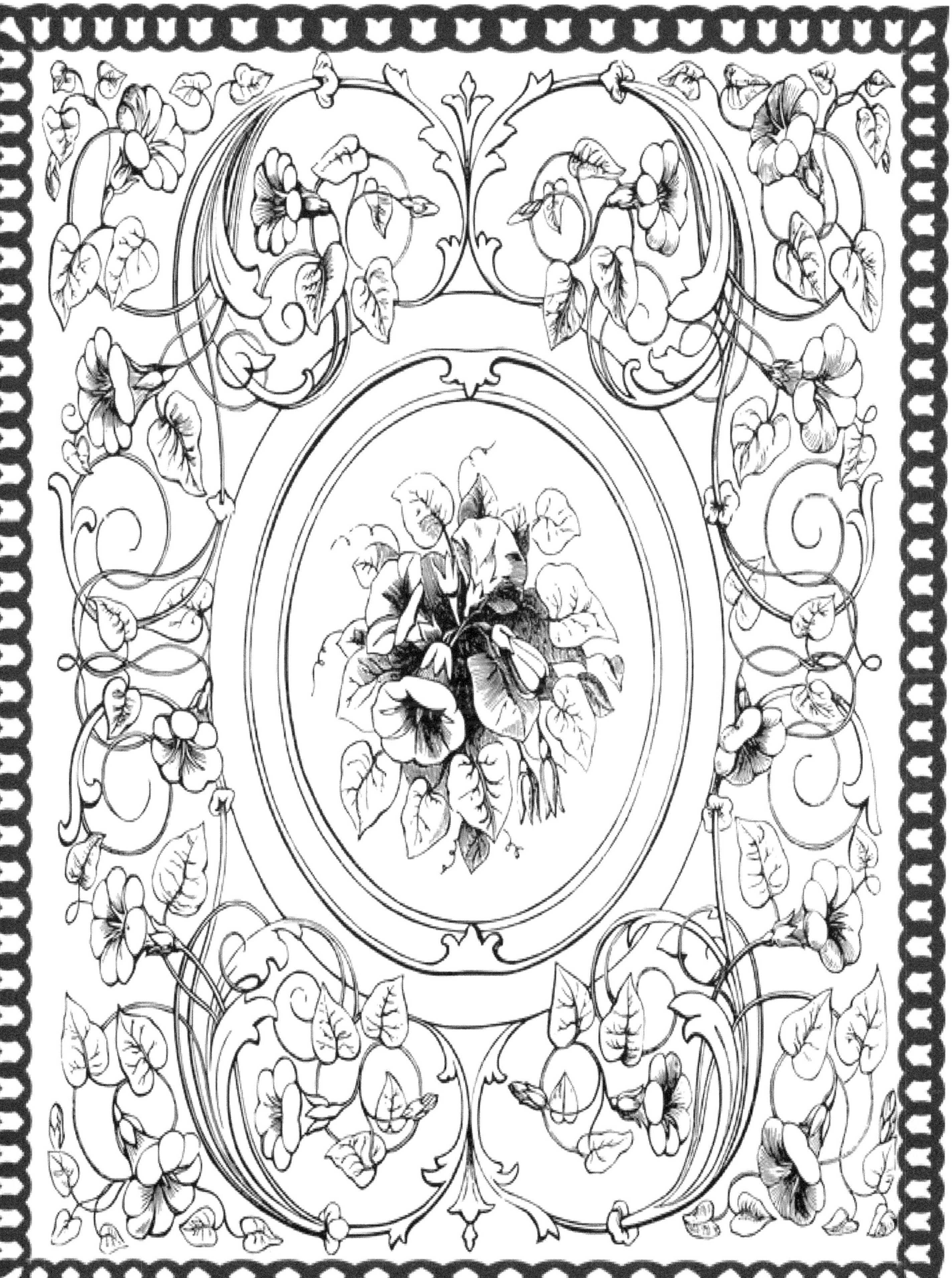

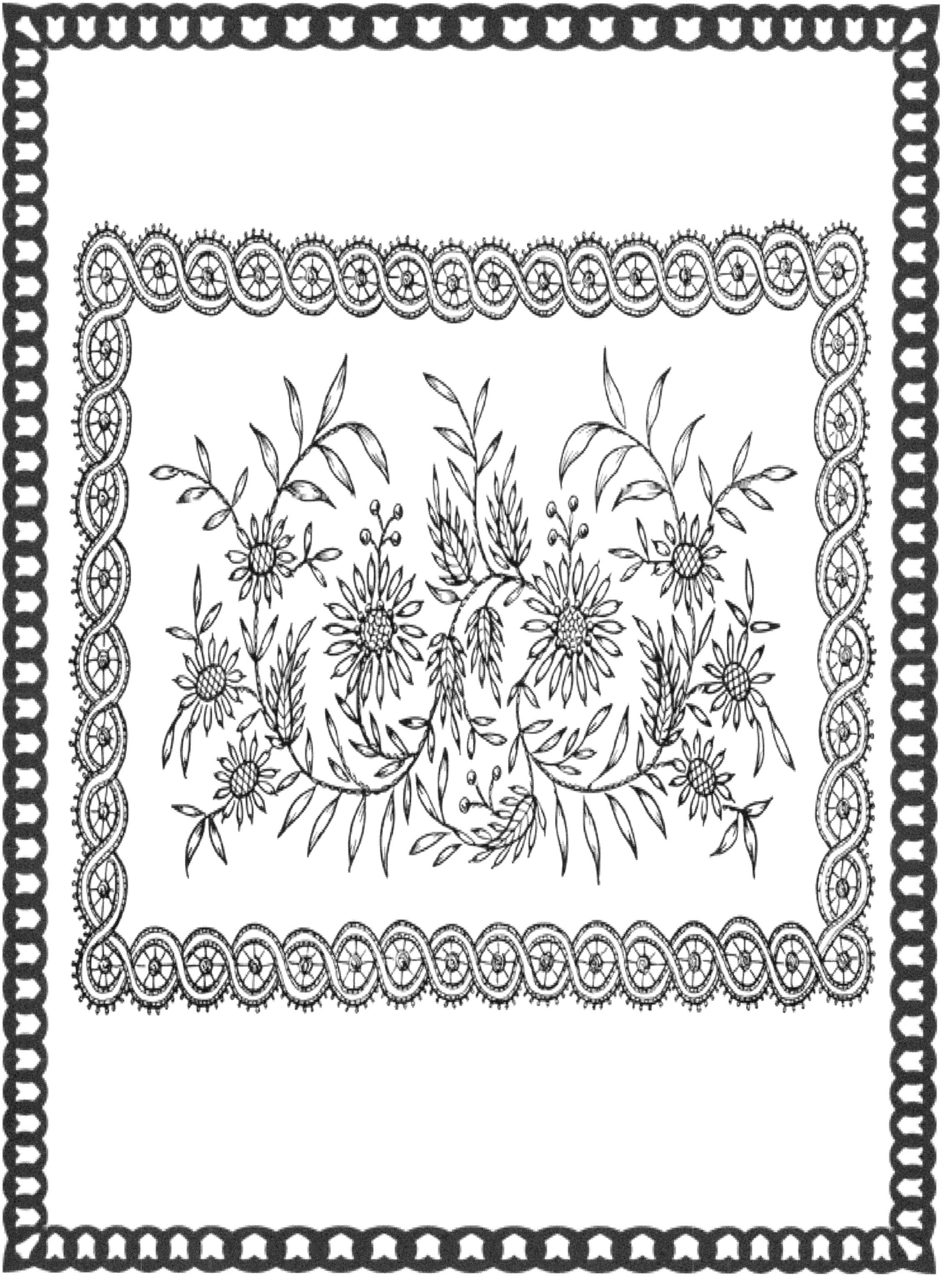

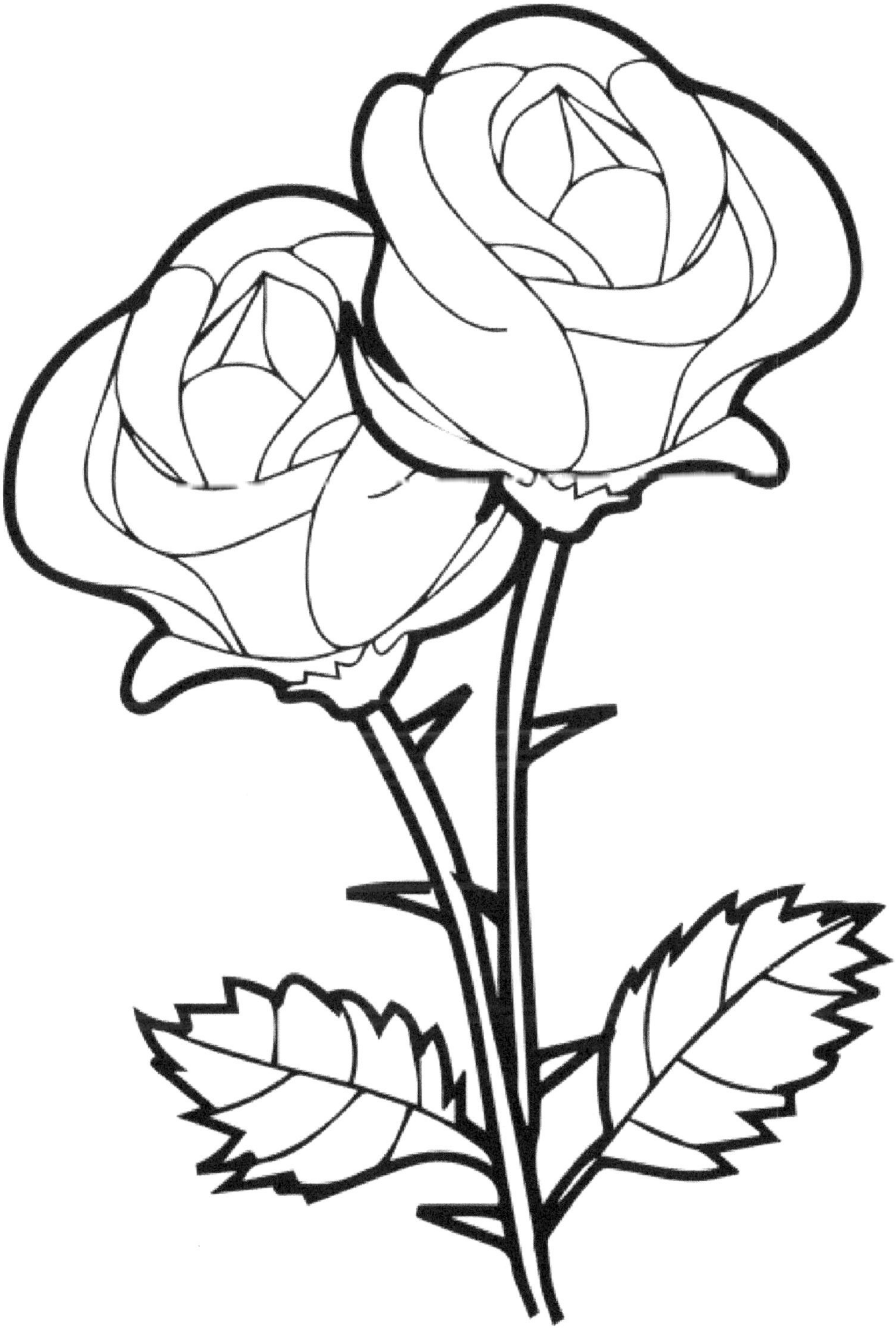

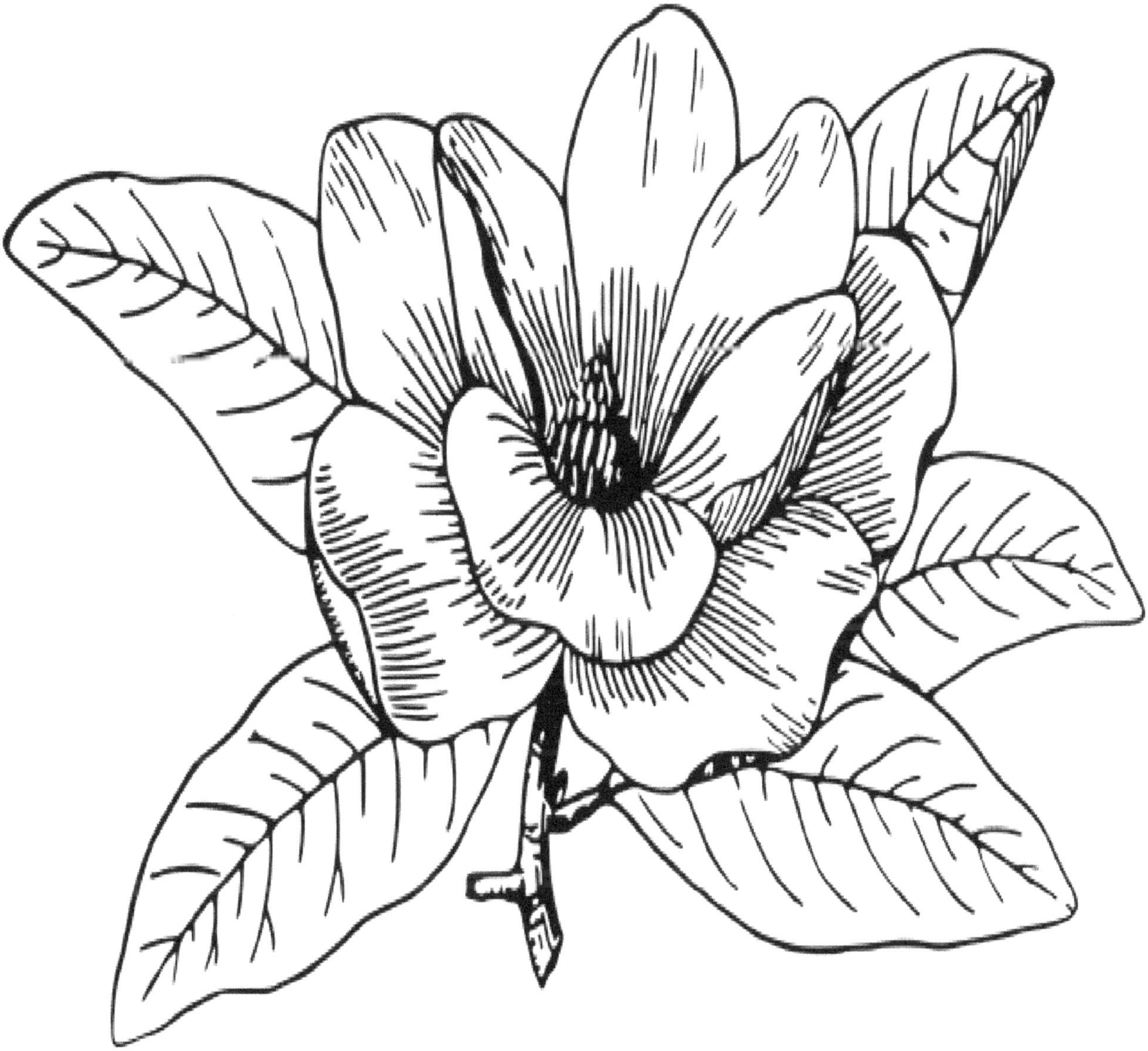

Made in the USA
Las Vegas, NV
09 August 2021

27864099R00070